本书为 2018 年度教育部人文社会科学研究青年基金项目"环境质量达标视角下《大气污染防治法》的目标与路径研究"（18YJC820030）资助出版。

《大气污染防治法》规制目标研究

——从不法惩罚到环境质量目标

DAQIWURANFANGZHIFA

GUIZHI MUBIAO YANJIU

CONG BUFA CHENGFA DAO HUANJING ZHILIANG MUBIAO

姜 渊 著

中国政法大学出版社

2020·北京

图书在版编目（ＣＩＰ）数据

《大气污染防治法》规制目标研究:从不法惩罚到环境质量目标/姜渊
著.—北京:中国政法大学出版社,2020.4
　ISBN 978-7-5620-9545-3

　Ⅰ.①大… Ⅱ.①姜… Ⅲ.①空气污染－污染防治－环境保护法－研究－
中国　Ⅳ.①D922.683.4

中国版本图书馆 CIP 数据核字(2020)第 064575 号

出　版　者　　中国政法大学出版社
地　　　址　　北京市海淀区西土城路 25 号
邮寄地址　　北京 100088 信箱 8034 分箱　邮编 100088
网　　　址　　http://www.cuplpress.com（网络实名：中国政法大学出版社）
电　　　话　　010-58908586(编辑部) 58908334(邮购部)
编辑邮箱　　zhengfadch@126.com
承　　　印　　固安华明印业有限公司
开　　　本　　880mm×1230mm　1/32
印　　　张　　6.5
字　　　数　　160 千字
版　　　次　　2020 年 4 月第 1 版
印　　　次　　2020 年 4 月第 1 次印刷
定　　　价　　39.00 元

前 言

Preface

　　修订后的《大气污染防治法》虽然针对现阶段的大气环境问题作了大量规定，却依然采用了不法惩罚这一规制目标。评判一部法律的优劣，应当先明确其法律目标，再分析其法律的规制目标是否契合、能否实现这一目标。作为环境保护类的法律，《大气污染防治法》承担着大气领域的环境保护任务，无论具体的防治目标、防治手段与内容如何改变，最终都是为了防治各类大气污染从而实现良好的大气环境质量。大气环境质量应当是《大气污染防治法》规制目标研究最终且唯一的评价标准。

　　包括《大气污染防治法》在内的环境保护类法律具有自身特有的法律目标，但它们的规制目标并不是独创的，而是沿用了传统法律的规制目标——不法惩罚。这是以个体为视角、以行为为规制对象的规制目标，在法律的具体设置上表现为规定个体行为的准则和设定违反准则后的罚则两部分。历版《大气污染防治法》最主要的内容都是为大气环境行为的个体制定准则与罚则，因此可以判断其规制目标的设置采用的是不法惩罚模式。被广泛使用的不法惩罚模式有其自身的合理性，在许多传统的部门法中都能顺利地通过调控个体行为以实现预期的法律目标，然而这并不意味着不法惩罚模式的规制目标也应当被适用于《大气污染防治法》。无论《大气污染防治法》如何改良对个体行为进行规制的设置细节，都没能有效地改变大气环境持续恶化这一趋势，说明不法惩罚目标下的《大气污染防治法》无法实现良好的大气环境质量这一法律目标。究其根源，是因为不法惩罚这一规制目标既不契合环境保护类法律的法律目标，也不能适应大气环境保护的特殊需要。

不法惩罚模式的种种弊端说明《大气污染防治法》需要一种更为契合其法律目标的规制目标。既然《大气污染防治法》的法律目标是良好的大气环境质量，那么最为合适的应当是以环境质量为直接规制目标的"环境质量目标"模式。环境质量目标，是将不法惩罚模式下的法律规制目标从个体的行为转变为具体的环境质量。环境质量目标指的是"依自然的控制指标"，"自然"就是自然的限度，是依照环境质量标准衡量出的生态承载力。以"环境质量目标"模式设置《大气污染防治法》的规制目标，就是按照大气环境的生态承载力，在科学的大气环境质量指标评测下进行法律调控。以环境质量目标为规制目标的《大气污染防治法》关注的是全局或者区域的大气质量目标，而不是个体是否按照规则进行大气污染排放。首先，环境质量目标是直接以大气环境质量为目标，完美契合人与自然和谐的生态文明目标。其次，环境质量目标明确了执法者的责任，消灭了义务人与执法者"交易"的空间。最后，环境质量目标是科学而有区别的规制目标，不是一刀切、武断的规制目标。它在统一的大气环境质量目标下，合理地设置与分配不同的责任人来为这一目标负责，并给予责任人更大的空间来制定针对义务人的实施细则。因此，它能有效地解决不法惩罚目标的弊端，具有无可比拟的优势。并且它已经存在于许多环境法律设置之中，经实践证明确实是行之有效的。因此，以环境质量目标作为《大气污染防治法》的规制目标不仅是更科学的，也是可行的。

虽然包括《大气污染防治法》在内的环境法已经在环境质量目标的制度设计上做了不少有益的尝试，然而想要在整个环境法律体系上贯彻环境质量目标这一规制目标仍然任重道远。在建立系统而科学且完全围绕环境质量目标这一规制目标设立的整套环境法律系统之前，可以先尝试对《大气污染防治法》的规制目标进行改良。首先，应当改变人们对规制目标的传统认知，不法惩罚并不是唯一可行的规制目标；其次，应当以环境质量目标，重新确立《大气污染防治法》主要的规制目标；再次，应当科学地设置大气环境保护制度，即《大气污染防治法》需要将"环境质量目标"作为立法的根本与源头，还需要围绕"环境质量目标"

设置一系列的具体制度；再次，应当合理设置政府与行政部门的职责与权力，因为最终良好的大气品质还需要依靠控制个体的环境行为来实现，而个体的直接控制人是政府，政府既需要负担起区域内的大气防治责任，又需要被赋予灵活而充分的管理与执法权力；最后，应当建立配套的大气环境质量标准体系，因为科学的大气环境质量标准是《大气污染防治法》实现环境质量目标这一规制目标的客观基础。

目 录

CONTENTS

引　论

　　2015 年 8 月 29 日，第十二届全国人大常委会第十六次会议审议通过了修订的《中华人民共和国大气污染防治法》（以下简称《大气污染防治法》）。[1] 修订后的《大气污染防治法》围绕大气环境质量改善的目标，综合运用法律、行政、经济手段，强化源头治理，明确重点区域大气污染联合防治和重污染天气的应对措施。新法的颁布，为进一步推进我国的生态文明建设，深化环境保护工作，摆脱当前大气污染防治的严峻局面而提供了重要的法律工具，具有十分重大的现实意义。什么样的《大气污染防治法》，才能从根本上扭转我国大气污染日益严重的趋势？这不仅是公众对《大气污染防治法》的拷问，也是环境法学者应当深入思考的

---

　　〔1〕　2018 年 10 月 26 日第十三届全国人民代表大会常务委员会第六次会议对《大气污染防治法》进行了第二次修正，此次修正主要是对环境主管机构名称的修正，没有修改条文内容，故本书采用 2015 年修订的《大气污染防治法》，为行文表述方便，有时也称其为"新《大气污染防治法》"，特此说明。

严峻课题。

第一节 研究背景、目的和意义

一、研究背景

工业革命之后，现代经济与社会呈现迅猛发展的趋势，带来的直接后果就是环境质量的不断下降与自然资源的趋近枯竭。其中，大气环境污染问题表现得尤为突出。20 世纪 50 年代初，在伦敦爆发的"伦敦烟雾"事件，其根本原因就是大气中的硫化物严重超标，致使大气环境质量急剧下降，最终引发悲剧。在短短的数月时间中，4000 余人因为呼吸器官疾病和心脏病而死亡。此外，类似的事件还有 1948 年美国多诺拉镇的二氧化硫污染，6000 余人因为工厂排放的二氧化硫而死亡或引发疾病。现如今，大气污染已经对人类的整体健康状况构成了严重威胁，据世界卫生组织（World Health Organization，WHO）的数据统计，每年有超过 200 万人死于或者间接死于城市室外和室内空气污染。[1] 所以，先不论大气环境污染对整体生态的影响，也不论其造成的经济损失，仅从威胁人类生命与健康的角度来看，大气环境污染就是人类当前必须解决的重要问题之一。

---

[1] WHO, *Air quality guide lines for Europe*, 2nd Ed, WHO regional publications, 2000.

　　大气环境污染是一种复合型的环境污染，是多种污染物在大气环境中超标导致的。仅以 PM2.5（环境空气中空气动力学当量直径小于等于 2.5 微米的颗粒物）为例，2013 年 1 月以来，我国北京、天津、济南、郑州、武汉、西安、合肥、南京、沈阳、长春等中东部地区城市出现持续大范围雾霾天气，其中受到最多关注也是污染最为严重的北京，爆发数次严重大气污染事件，多日出现 PM2.5 指数"爆表"（大气环境质量检测污染数值过高导致超过预设指数）的情况，1 月份 31 天中有 26 天为雾霾天，整体能见度低于 200 米，北京市 2000 多万居民饱受其害。仅从 PM2.5 这一项大气环境质量指标上，我们就可以看出我国大气环境污染的情况有多严重。2018 年 3 月，受沙尘天气影响，北京、天津、石家庄、唐山、保定、廊坊、张家口、大同、呼和浩特、包头等地城市空气质量出现严重污染，其中北京、张家口、呼和浩特等城市 PM10（可吸入颗粒物）小时浓度破千。根据 3 月 28 日中国生态环境部的媒体通报，北京、天津、石家庄、唐山、保定、廊坊、承德、张家口、大同、朔州、呼和浩特、包头等城市空气质量指数均达到 500，主要污染物为 PM10，其中张家口 PM10 小时浓度达每立方米 2238 微克，北京 PM10 小时浓度为每立方米 1065 微克，呼和浩特 PM10 小时浓度为每立方米 1230 微克，承德 PM10 小时浓度为每立方米 1034 微克。

　　随着工业化、城市化进程的日渐加快，社会经济发展中能源和资源的需求日益增加，百姓生活耗能也急剧增长。各类能源需求的发展与生产生活水平的提高，让最初以单一煤烟型侵害为主的空气污染演变为煤烟型、石油型、工业废气、机动车尾气、沙尘暴等多缘由造成的灰霾、酸雨、臭氧、扬尘等复合型污染，从局部的城市空气不洁发展为跨区域、整体性的大气环境污染。随着污染的加剧，数十年来，我国大气环境的立法工作也在不断深入。从1973年颁布第一个涉及大气污染防治的法规——《工业"三废"排放试行标准（GBJ4-73）》，到2015年修订的《大气污染防治法》，经历了从文件形式的行政调控到高阶位的法律约束、正负激励的市场调节，从单纯技术领域的简单污染物防控到经济、社会、文化多层次的综合环境防治，从单一的限制排污到复合的生态补偿，大气环境污染防治的内容与形式一直处于检验、调整、再检验、再调整的进步之中。就法律层面看，通过不断的改革调整，已初步形成由法律法规、部门规章、规范性文件、大气环境标准等各种形式的制度构建的多类型、多层次的制度体系，地方政府也依据大气环境法律制度建立起相应的行政管理规范，并据此实施了许多有针对性的治理措施。从现有的大气污染治理数据与大气环境质量数据来看，大气污染防治在具体污染物的排放控制方面也取得了一定的成效，但并未根本改变我国整体的大气环境质量，大气环境仍然呈现出恶化的态势，整体大气环境质量与法律预期、公众期盼仍有较大差距。

自 1973 年大气污染防治相关立法算起，我国大气污染防治已积累了四十多年的立法经验，并且从中央到地方，政府对大气污染防治的重视程度与日俱增。

二、研究目的

法律，不仅需要维护对统治阶级有利的社会关系和社会秩序，也要发挥处理社会公共事务的作用。大气环境保护就属于一项关乎百姓生计的社会公共事务，良好的自然环境也是国家与政党实现长治久安的自然基础。运用法律工具解决大气环境污染问题是当今社会的必然选择。研究《大气污染防治法》，是改革与完善我国大气污染防治制度体系的实践需要，是客观、科学地评价新法的理论需要，更希望能由点及面，通过研究《大气污染防治法》为环境法律的发展与革新提供路径与帮助。

本书的目的在于"剖析"与"修正"两个方面。通过剖析《大气污染防治法》存在的问题，深入分析现行法律能够解决大气污染问题的深层次原因，从而思考何种规制目标才能真正解决大气污染问题，探索未来大气污染防治的发展方向。深挖《大气污染防治法》所规制的根源，追寻造成"大气污染加剧"这一结果的法律原因。通过对以往《大气污染防治法》的整理与研究，得出初步结论：虽然经过数次修订与修正，但以往的《大气污染防治法》有着根源性的趋同，即规制目标永远保持着"不法惩罚模式"。这种规制目标的趋同导致无论细节如何改变，大气污染防治的结果都不会改变。正是这一点造成了包括《大气污染防治法》在内的中国环境法律的纷繁复杂。

法律对社会关系的调节是通过调整社会关系参加者的行为来实现的，而人的意志是自由的，法律必然需要通过限制与引导这种自由才能实现调整社会主体行为的目的。惩罚人的不法行为，从而限制人的不法意志也就成为法律的一种基本手段。因此，法律通常运用对个体不法惩罚的方式来实现自身的立法目标。《大气污染防治法》在整体上也以不法惩罚为规制方式。然而这种模式在《大气污染防治法》上有一个根本弊端，就是该模式导致法律规制目标为"惩罚不法"，而非"提升大气环境品质"。本书建立在对大气污染防治法律一贯的不法惩罚规制方式分析之上，抓住不法惩罚这一关键错误，探讨如何修正《大气污染防治法》从而最终解决大气环境问题，思考何种规制目标才是大气立法的应有之道。大气立法的法律目标在于"保护与改善大气环境"，所以应该直接将"环境质量目标"作为法律的规制目标。以此调整《大气污染防治法》规制的方式与目标，才能从根本上扭转保护不力的法制现状，真正实现大气环境质量的改善与保护。

以环境质量目标对《大气污染防治法》的规制目标进行修正，以确保《大气污染防治法》能真正有效地推进大气环境质量的改善。其初步的设想包含五部分内容：一是改变传统法律理念，如果传统的规制目标已经被证实不足以完成法律目标，那么只有改变传统不法惩罚是唯一规制目标的法律理念，从观念上接受"环境质量目标"是《大气污染防治法》乃至环境法的必然选择；二是从体系上贯彻环境质量目标这一规制目标，包括设定一系列环境质量目标，并许可执法者为此目标采取行动，立法者不要再关心作为个体的自然人、企业等的大气环境行为以及个体大气环境行为对局部大气造成的结果，而要将注意力集中到区域内或者全国无数个个体实施的大气环境行为所造成的总结果；三是科学设置具体制度，需要立法者围绕"环境质量目标"设置一系列的具体制度；四是合理设置政府与行政部门的职责与权力，良好的大气品质最终还是需要依靠控制个体的环境行为来实现，而个体的直接控制人是政府，政府既需要负担起区域内的大气防治责任，又需要被赋予灵活而充分的管理与执法权力；五是设立配套的环境质量目标评价体系。

三、研究意义

2015年《大气污染防治法》出台后，各方对其赞扬有加，视之为"继《环境保护法》修改工作之后，涉及环境保护领域里的又一大法治成绩"。[1]然而在肯定新法在强化

---

[1] 周珂、于鲁平："解析新《大气污染防治法》"，载《环境保护》2015年第18期。

源头治理、协同管控等方面有了巨大进步的同时，也有不少学者对其是否能真正解决大气污染问题，持谨慎态度。理由是，《大气污染防治法》经历制定、修订与修正，惩罚力度、管控手段与涉及范畴都呈增长与扩大趋势，然而我国的大气污染状况依旧不容乐观，所以新法能否真的如设想的那样真正起到改善与保护大气环境质量的目的，还是未知的。在新法实施不久的当下，我们无法根据客观效果对其进行评价，但可以以史为鉴，分析与探讨以往《大气污染防治法》无法解决大气污染问题的真正原因，并对照新法预测其实施效果。在整体环境保护领域，都存在着类似大气污染防治的情况。一方面，法律越来越进步、越来越严苛，并且取得了切实的成效；另一方面，环境品质却在不断下降，现行法律没能从根本上解决环境问题。所以通过剖析《大气污染防治法》能以点及面，为整体环境法律体系提供完善与革新的思路。如果得出的研究结果具有普适性，即大气污染防治不力的根本原因是法律自身的问题而非某些大气保护技术手段的缺乏，只有通过变革现行的规制目标，才能真正实现《大气污染防治法》的立法目标，那么对于全面提升我国大气污染治理的法制水平乃至推动整个环境法体系的未来发展都是相当有益的。

本书的理论价值在于，以往针对《大气污染防治法》的研究，常集中于法律涉及范围、调控手段以及惩罚力度等几方面，没能注意到《大气污染防治法》存在着规制目标错误的根本问题。如果是《大气污染防治法》本身存在错误，无论如何对具体条文与制度进行修改，无论如何推动司法与执法的改革与进步，都不可能真正改变《大气污染防治法》无力防治大气污染这一结果。所以，从规制目标上对《大气污染防治法》进行研究与反思，比其他的《大气污染防治法》相关研究更能抓住问题的本源与要害，产生的效果应当是"釜底抽薪"而不是"隔靴搔痒"。根据初步的研究来看，《大气污染防治法》在规制目标这一立法本源上存在问题，并不是一个莫须有的结论，现有的《大气污染防治法》规制目标的确无法实现良好的大气品质这一立法目标。本书期望通过对《大气污染防治法》多年实践成果与教训的总结和不同法制理论的比较与分析，发现大气规制目标的弊端，从立法理论上推翻原有的不法惩罚规制目标，以"环境质量目标主义"改造《大气污染防治法》，定纷止争，为环境法理论的发展与变革寻找一条新的路径。

本书的实际应用价值在于通过分析不法惩罚规制目标的不足，正确评价《大气污染防治法》，回答《大气污染防治法》为何保护不力的问题。《大气污染防治法》历经长期的修改与变革，始终没有完全实现良好的大气环境品质这一立法目标，应当有一个确切的因果研究寻找出真正需要为此负责的主因。也就是说，新《大气污染防治法》如果依然遵循不法惩罚规制目标，那么就仍然难以改变防治不力的困境。除此之外，本书根据这一因果分析，不仅需要呼吁用新的规制目标对其进行改良，还需要提出全面而具体的建议。所以，本书探索用新的规制目标构建《大气污染防治法》的规制目标设置，为《大气污染防治法》的进步与发展提出建议，即围绕"大气质量目标主义"这一规制目标设计相应的法律条文与规范措施，合理分配与规制行政部门的权力和职责，从而形成更合理、更科学的大气环境法律体系，为未来《大气污染防治法》的发展提供正确道路方向，也为未来《大气污染防治法》的修改提供切实可行的思路与方案。

第二节　研究框架、方法及内容

一、研究框架

（一）发现问题

我国《大气污染防治法》处于越来越严厉，调控范围越来越广泛的状态。通过环境现状与法律现状的比对，得出结论：不断严厉的《大气污染防治法》没能彻底改变大气污染的现状以及有效阻止或者减缓污染加剧的速度。

（二）分析《大气污染防治法》……原因

主要的研究内容分为两个部分。一是从分析《大气污染防治法》的严厉条款为何不能收到预期的调控效果，结合以往学者对《大气污染防治法》的研究，发现存在三个问题：①政府行政的原因，即条款预期与实际操作之间的转化存在问题。②科学技术的原因，也就是针对个体的行为标准设立得并不合适，不够科学，执行难度大。③制度设置的原因，探讨将制度手段与命令威压相结合，确保《大气污染防治法》对个体大气环境行为的有效调控。二是从这三大问题作为深入研究的切入点，寻找问题核心本质。本质是法律对大气环境保护乃至环境保护的规制目标定位的错误。《大气污染防治法》的义务主体设置是个体，但事实上在环境关系中，真正负担环境义务并能起到决定性作用的应当是政府。政府在传统的大气污染防治法律关系中，仅仅是一名环境执法者，而不是环境义务主体。它是地区的管理者，它承担的最大责任是地区的综合发展。在环境方面，它仅仅在某些行政目标上承担极小的实现环境目标的职责，而在法律与行政上承担的最主要责任是保证违法个体被惩罚的职责，即维持一种法治秩序而非环境和谐秩序。正是法律没有完全把政府视为最根本的义务主体，政府不需要真正承担环境义务这一点，导致《大气污染防治法》在自身实践上面临各种问题。

（三）寻找解决问题的关键点

本书的内容主要分成两部分：一是如果将环境责任赋予政府，是否能解决《大气污染防治法》乃至环境法的这些问题。二是如何将环境责任赋予政府，本部分的研究应当是本书最核心的部分。初步设想是，政府以往担负责任是根据法治实现程度来考核的（违法是否都被追究），那么环境责任应当根据环境保护的程度（环境质量）来考核。以往的环境质量是政府执法的标准，是用来衡量个体是否承担了义务的标准，现在应当将环境质量作为政府自身承担责任的标准，通过环境质量来对《大气污染防治法》乃至环境法负责。所以，解决政府环境责任问题的关键是改变原有的环境质量标准的定位。

（四）提出解决问题的方案

本书包含两部分：一是，改变环境质量标准的定位为《大气污染防治法》设置的出发点与核心，即引入"环境质量目标主义"这一概念。二是，具体分析什么是"环境质量目标主义"，它与以往不法惩罚有何种本质不同，它的法制逻辑是什么样的。

验证解决方案的必要性与可行性，本书包含两部分：一是"环境质量目标主义"是否必要，主要是通过两方面论证：一方面，大气环境问题已经到了刻不容缓，必须解决的地步，而目前的不法惩罚目标已经被证明失败了，选择"环境质量目标主义"不是主动选择而是被迫的无奈之举。另一方面，立法者已经意识到了"环境质量目标主义"是必要的，在新《大气污染防治法》中，我们已经可以看到"环境质量目标主义"的部分实践。二是"环境质量目标主义"是可行的，主要通过三部分论证：第一部分，我国行政体制适合目标管理，在军事与经济等领域都大量存在目标管理；第二部分，从古代的法到现代的法律都有目标管理的例子；第三部分，其他国家也大量存在实践目标管理的法律。

（五）对"环境质量目标主义"做具体的实证研究，研究载体是美国"清洁空气法"

主要研究内容分为三部分：第一部分，美国为何要选择"环境质量目标主义"？以研究美国"清洁空气法"的历史来回答。第二部分，美国是如何实践"环境质量目标主义"的？以清洁空气法的立法与执法来回答。第三部分，实践中"环境质量目标主义"的效果如何，以美国大气数据来回答。

结合美国的经验，对我国《大气污染防治法》乃至环境法律实践"环境质量目标主义"进行构想。

二、研究方法

（一）法教义学方法

本书中的法教义学方法包含三个方面：一是仟务和具体方法。在这一点上，德国学者罗伯特·阿列克西（Robert Alexy）曾做过一个相对全面的概括。在他看来，法教义学要进行三个层面的工作，即对现行有效法律的描述、对这种法律之概念—体系的研究、提出解决法律争议的建议。[1]

---

〔1〕〔德〕罗伯特·阿列克西：《法律论证理论——作为法律证立理论的理性论辩理论》，舒国滢译，中国法制出版社 2002 年版。

运用这三种活动方式分别就《大气污染防治法》现有实践经验、立法逻辑—规制目标以及规范制定—行为效应等几个方面进行分析研究。二是工作前提上的倾向——方法预设。任何范式都有其方法论预设，在卡尔·拉伦茨（Karl Larenz）看来，法教义学的预设在于"假定现行法秩序大体看来是合理的"。[1]在本书中体现为对运用法律手段解决大气污染可行性的确信，并以我国当前实体法秩序为基础及界限。三是元方法论（meta-methodology）和基本立场（basic standpoints）。这里包括具体方法和方法预设背后的理论立场，反映的是法学学者和法律人对于法律事业的态度。本书旨在遵循实事求是的科学精神，依据法律实践结果客观地分析《大气污染防治法》的成败得失，探究《大气污染防治法》改革的新路径。法教义学方法贯穿整个论证过程，所以法教义学方法是本书采用的最主要方法。

（二）法社会学方法

大气污染不仅直接损害人体健康，还会在很大程度上影响整个社会的生产与生活秩序。因此，本书将借鉴有关法社会学理论，结合《大气污染防治法》的特点和我国的具体情况，对《大气污染防治法》的价值取向、目的和原则等方面进行批判性研究。主要包括对大气环境法律与大气污染防治结果的逻辑研究：①分析前提 A：大气环境恶化；前提

---

〔1〕 ［德］卡尔·拉伦茨：《法学方法论》，陈爱娥译，商务印书馆2003年版。

B:《大气污染防治法》屡次修订；得出结论：《大气污染防治法》存在一些弊端。②分析前提 A：不法惩罚的特性导致了《大气污染防治法》的无力；前提 B："环境质量目标"改变这些特性，最终改善了法制缺陷，得出结论："环境质量目标"更适合大气环境保护。③分析前提 A："APEC"蓝、"奥运"蓝；前提 B："APEC""奥运"期间实施"环境质量目标"；得出结论："环境质量目标"能实现大气环保；以及比较分析法：将美国《清洁空气法》与《大气污染防治法》进行比较研究；以及实证分析法：分析"商鞅徙木"，证实"质量目标"自古有之，现实的生产生活中"质量目标"管理方式的应用十分普遍。

（三）法经济学方法

本书还试图通过法经济学"成本－收益分析"方法对环境问题下的个体博弈进行分析，说明现有包括《大气污染防治法》在内的环境法规制目标都会对政府、个体造成负激励，不必然实现良好的环境结果。而环境质量目标的规制目标可以缩小环境博弈的区间，从而激励个体合作走出环境博弈的"囚徒困境"。

三、研究内容

本书将分成四部分内容来进行：

首先，对现有的《大气污染防治法》规制目标进行深入研究与探讨，思考《大气污染防治法》为何不能真正有效的改善与保护大气环境。本部分研究的第一步是详细收集与整理《大气污染防治法》制定以来，不同阶段的大气环境质量变化情况，尤其是新旧《大气污染防治法》交替后，大气环境质量是否得到了有效改善。根据初步收集的资料统计，《大气污染防治法》出台后，大气污染仍保持着污染程度加剧，污染种类增多的势头。说明《大气污染防治法》的出台与几次修订都未能有效扭转大气污染的势头。第二步是对几次修订后的《大气污染防治法》进行比较研究，寻找其相同本质，理由是几次修订都没能阻止大气污染，说明《大气污染防治法》本身存在某种不足。这个问题不应当是细枝末节的技术性问题，而应该是《大气污染防治法》体系设置上的基础性问题。经过归纳，几版《大气污染防治法》都秉承了不法惩罚的规制目标，从而提出设想，是《大气污染防治法》的不法惩罚目标导致《大气污染防治法》无力实现大气环境保护的法律目标。

其次，通过法律逻辑的推导与事实的佐证来证明"不法惩罚导致《大气污染防治法》的无力"这一设想的正确。本部分研究的第一步，是对不法惩罚这一规制目标进行深入研究，根据已完成的初步研究，不法惩罚模式是一种被广泛采用的规制目标模式，《大气污染防治法》顺延了这一传统，通篇贯彻不法惩罚规制目标。而不法惩罚模式的特点就是将法律的规制目标设定为个体的不法行为，以追求所有人"不犯"为法律目标。第二步，是对不法惩罚这一规制目标与大气环境保护之间的矛盾关系进行研究，不法惩罚一方面存在义务人"守法成本高于违法成本"的问题，义务人宁可选择违法接受惩罚也不愿意付出成本守法。另一方面，即使义务人都选择付出成本守法，依然不一定能实现高质量的环境品质这一结果，因为义务人的合法行为集合不等于最终合理的法律结果。第三步，是结合具体的大气环境保护对不法惩罚进行分析，不法惩罚的关键在于控制个体的行为结果，而大气环境保护是典型的、需要集合所有个体的行为结果的保护，集体性是大气环境保护最显著的特点，而个体性是不法惩罚模式的最大特点，两者是背道而驰的。

再次，提出以"环境质量目标主义"代替不法惩罚。本部分研究的第一步，在上部分研究的结论"不法惩罚的规制个体目标与大气环保要求的集体环境行为相冲突"之上，思考能否转换《大气污染防治法》的规制目标，将其直接设置为"大气环境质量"。第二步，说明"环境质量目标"是可行的，在众多的法律体系中，"质量目标主义"是存在的。在古代，"商鞅徙木"就是一种"质量目标"模式，在现代法律中，也存在着大量"质量目标"的规制目标，所以"质量目标"并不是一种纯粹的理论设想。第三步，对"质量目标主义"进行逻辑分析，在《大气污染防治法》中，"质量目标主义"是否优于不法惩罚？如果是，哪些地方优于？换句话说是，分析"质量目标主义"能否解决不法惩罚带给《大气污染防治法》的缺陷。第四步，对"环境质量目标"进行实证研究，通过对"APEC"蓝、"奥运"蓝等现象的研究，证实"环境质量目标"可以在环境保护上发挥作用。

最后，在"质量目标主义"的指导下，对《大气污染防治法》进行具体的设置。本部分研究的第一步，继续实证研究的方法，对采用"环境质量目标"的美国《清洁空气法》进行研究，分析其具体法律设置，并与中国的客观法制状况与环保现状进行对比。第二步，对我国《大气污染防治法》进行具体的制度与细则设置设想。

第一章
基础研究

第一节 《大气污染防治法》的新旧沿革

伴随着我国经济和社会的快速发展，大气环境污染形势异常严峻，已成为我国当前亟待解决的重大现实问题。作为一部相当有历史的环境类法律，我国《大气污染防治法》自从诞生起就被赋予解决大气污染这一艰巨的使命。[1]历经数次变革，从无到有，从简到繁，《大气污染防治法》针对大气污染程度、内容的变化积极调整自身的调控范围和力度。然而，看似与时俱进的《大气污染防治法》依然无法彻底地解决我国大气污染防治的问题，无法还百姓一个清

---

〔1〕 早在 20 世纪 70 年代，我国就制定了与大气污染防治相关的法律法规。虽然起初并没有冠以《大气污染防治法》之名，然而其立法目标与条款内容都是围绕大气污染防治而设，例如《工业"三废"排放试行标准（GBJ4—73）》。

洁、干净、健康的生产、生活空间。

一、2015 年修订前的《大气污染防治法》

中华人民共和国成立初期，我国就注意到防治大气污染的问题，在出台的发展工业生产的相关文件中都作出了一些相关规定。20 世纪 70 年代以后，政府在消烟除尘和防治废气污染方面进行了大量的工作。[1] 20 世纪 80 年代以后，国务院又颁布了不少关于大气污染防治的环境保护标准和政策规定。[2] 此外，国家还就大气污染防治问题作出了法律规定。[3] 然而由于缺乏专门的、权威的《大气污染防治法》，就无法构成一个完整的大气环境保护法律体系，难以解决伴随着工业高速发展而来的大气污染问题。[4] 1987 年 9 月 5 日第六届全国人民代表大会常务委员会第二十二次会议通过了《大气污染防治法》，并于 1988 年 6 月 1 日起施行。该法总共 6 章 41 条，以防治煤烟型污染为核心内容。《大气污染防治法》的诞生是为了应对严重的工业污染，尤其是工业污染造成的二

---

〔1〕 例如《工业"三废"排放试行标准（GBJ4—73）》。

〔2〕 例如《大气环境质量标准（GB3095—82）》《锅炉烟尘排放标准（GB3841—83）》等。

〔3〕 尤其体现在 1979 年颁布实施的《中华人民共和国环境保护法（试行）》中。参见白兰："简评《中华人民共和国大气污染防治法》"，载《法学评论》1989 年第 2 期。

〔4〕 文伯屏："大气污染防治法的立法背景及主要内容"，载《法学研究》1988 年第 4 期。

氧化硫以及悬浮颗粒的严重超标。[1]它是一部具有鲜明时代特征的法，立法目标直指当时以工业烟尘污染为主的大气污染的防治。

　　然而，随着我国经济的高速发展与人民生活水平的不断提高，不仅工业污染的规模与程度没有得到根本性控制，汽车尾气污染成为大气污染的又一重要来源。相较《大气污染防治法》立法之初，20世纪90年代我国大气污染防治的形势更加严峻，1987年《大气污染防治法》已明显不能适应客观现实的需要。基于此，全国人大常务委员会于1995年8月29日作出《关于修改〈中华人民共和国大气污染防治法〉的决定》。修改后的《大气污染防治法》共6章50条，一方面规定了更为严格的工业污染防治措施，另一方面增加了防治汽车尾气污染的相关规定。[2]1995年修订的《大气污染防治法》虽然制定了更为严格的大气污染防治规定，但依然难以改变大气污染极度严重的环境困境。尤其是单一的不法惩罚规制目标，虽然在一定程度上震慑了个体的大气污染行为，但难以从根本上扭转"以环境换取经济发展"的社会发展趋势。

---

　　〔1〕　全国烟尘的排放量在1986年达到了2800万吨，二氧化硫排放量达到1460万吨。另外，根据环境质量监测报告，20世纪80年代全国60个城市大气中总悬浮微粒的平均浓度为每立方米660微克，比大气环境质量二级标准300微克的规定高出一倍以上。参见徐鸿涛："我国第一部防治大气污染的法律——《中华人民共和国大气污染防治法》简介"，载《环境保护》1987年第8期。
　　〔2〕　主要是限制和淘汰落后生产工艺和设备、煤炭的洗选加工和限制燃用原煤、防治二氧化硫酸雨以及控制含铅汽油的使用。

所以，全国人大常委会于 2000 年 4 月 29 日对《大气污染防治法》进行了修订。修订后的《大气污染防治法》共 7 章 66 条，不仅继续加大工业以及机动车辆、船舶等污染源的大气污染防治力度，更创新地提出了大气污染排放总量控制、排污许可和排污收费等大气污染防治制度。还从重点城市大气污染防治、新能源和新技术研究与推广等多方面就大气环境管理制度进行了革新。

二、2015 年修订后的《大气污染防治法》

随着城市化进程的加速和整个社会经济的迅猛发展，原《大气污染防治法》已难以应对日益复杂的大气污染问题，不能满足新时期大气环境保护工作的要求。在多种因素的共同影响下，2015 年 8 月 29 日全国人大常委会对《大气污染防治法》进行了新的修订，于 2016 年 1 月 1 日实施。

首先，《大气污染防治法》修订工作的社会动因是近年来的生态文明建设状态。2007 年党的十七大报告提出了要重视生态文明建设，促进人类社会与生态环境的和谐发展，党的十八届三中全会和四中全会也都明确强调了要坚持以法律制度来推动环境保护工作。随后，我国连续出台并实施了《大气污染防治行动计划》《关于加快推进生态文明建设的意见》《环境保护法》（2014 年）等法律、法规、政策，为我国《大气污染防治法》的进一步修正提供了明确的方向和依据。其次，大气污染问题日益严峻的形势直接加速了《大气污染防治法》的修订工作，"将经济发展放在第一位"的政策思路一直在我国各个生活领域内占有统治地位，许多企业以牺牲环境的代价来换取经济发展，从而使我国大气污染问题进一步恶化。近年来，以"雾霾""扬尘"为代表的大气污染现象不断加剧，不仅危害百姓的健康与社会安定，也对我国的国际形象造成了一定的不良影响，因此修订《大气污染防治法》成为各界迫切的需求。再次，公众环保意识的觉醒需要配套《大气污染防治法》予以保证，随着遭受越来越多的环境恶化带来的负面影响，公众逐渐认识到清洁的大气环境是自身健康的必然保证，原有的《大气污染防治法》已很难完整保障公众的大气环境利益，由于现实与社会需求的心理落差，导致出现了如"大连福佳大化 PX 项目事件"之类的环境极端事件。这一切都迫使《大气污染防治法》必须加以修订，以满足民众的大气环境诉求。

在这些背景与助推因素之下，第十二届全国人大常委会第十六次会议于 2015 年 8 月 29 日表决通过了《大气污染防治法》的修订案。修订后的《大气污染防治法》条文数增加了将近一倍，几乎对所有的法律条文都进行了修改。此次修订明确提出，防治大气污染应当以改善大气环境质量为目标，运用法律、行政、经济、科技等手段，从多方面着手对各种大气污染源进行综合防治。[1]

众多学者给予了新《大气污染防治法》极高的评价。一是新《大气污染防治法》的理念更符合我国客观国情，同时对污染治理、综合防治、人与自然环境协调发展、绿色化发展四个阶段的大气污染防治工作提供了指导，并担负起污染治理与风险防控的双重责任。二是新《大气污染防治法》设立了新的监管机制，针对我国大气污染问题中的区域性污染特征，新《大气污染防治法》不仅在总则规定了"推行区域大气污染联合防治"的原则，而且新增了"重点区域大气污染联合防治"的章节，对重点区域大气污染联合防治机制的主体设立、依据标准、运行程序等进行了明确规定。三是新《大气污染防治法》完善了对大气污染的全面治理和防控，由于我国大气污染已由点源污染发展为面源污染，各类污染源不断增加，所以新《大气污染防治法》不仅在第2条提出了"加强对燃煤、工业、机动车船、扬尘、农业等大气污染的综合防治，推行区域大气污染联合防治，对颗粒物、二氧化硫、氮氧化物、挥发性有机物、氨等大气污染物和温室气体实施协同控制"的要求，而且在第四章规定了区域联合防治和各类污染物协同控制的具体防治

---

〔1〕 2015年9月原环保部副部长潘岳在接受凤凰网的记者采访时提出：大气污染防治一是既要抓重点污染物，也要抓其他污染物；二是既要抓区域总量减排，更要抓点源排放达标；三是既要抓固定源，也要抓非固定源。载凤凰网：http://finance.ifeng.com/a/20150912/13969391_0.shtml，最后访问日期：2019年8月3日。

措施，实现了各行业综合防治和多污染物协同控制。四是新
《大气污染防治法》的监管思路更为科学，新《大气污染防
治法》把改善大气环境质量作为大气污染防治工作的基本
目标，不仅在总则部分明确了这一点，还在后续规则中将改
善大气环境质量作为各级政府的考核内容之一。同时，新
《大气污染防治法》还对大气环境质量标准的制定主体、依
据、程序等内容进行了具体规定，力图通过多方面的规定来
保障提升大气环境质量这一基本目标的实现。五是新《大
气污染防治法》有利于全民参与大气污染防治工作，新的
治理理论提倡治理主体的多元化，新《大气污染防治法》
对环境信息公开、举报方式、举报处理等公众参与内容进行
了具体规定，也对包括政府、企业、公众在内的各种主体的
大气污染防治权责进行了明确。这些规定有利于构建政府、
企业、公众三者多元化主体的大气环境治理体系。六是新
《大气污染防治法》采用了更为科学的防治手段，新《大气
污染防治法》在坚持行政管制的基础之上，重视行政指导
机制的发挥。新《大气污染防治法》不仅原则上支持和鼓
励大气环境相关科学技术的研究，还在具体制度上推行针对
大气污染来源及其变化趋势的数据分析，推广更为科学的大
气污染防治技术和设施，极大地提高了科学技术对《大气
污染防治法》的实际推动力。

综上所述，经过数次的修订，新《大气污染防治法》
已经远远不同于最初的《大气污染防治法》，在原则性、制

度性、科学性等众多属性上有了长足的进步，并获得了公众相当高的评价。学者、百姓与政府都对其寄予了厚望，希望新的《大气污染防治法》能有效、彻底地解决大气污染的问题，最终实现良好的大气环境质量这一预期目标。

第二节　相关研究现状

本书是对《大气污染防治法》规制目标的分析、反思与建议。研究的载体是《大气污染防治法》，以及部分属于《大气污染防治法》范畴之内的法律法规，所以任何以《大气污染防治法》为主题或涉及《大气污染防治法》的研究都应当被予以考察、梳理与评述，以便更全面、透彻地了解大气污染防治法律问题的症结所在，同时在后续研究中博众人之长。除此以外，还需要对规制目标，尤其是环境规制目标的相关文献进行考察，因为本书研究欲采用的方法论——环境质量目标主义并不是笔者所独创，已经有部分学者提出并对其予以论证与思辨。梳理以环境质量目标主义为主、其他模式为辅的环境规制目标的相关研究，能完整、清晰地为后续对《大气污染防治法》的反思提供一个逻辑工具。同时，因为本书也希冀通过对大气污染防治法律问题的解决来反哺环境法学研究，为其发展与革新提供支持与借鉴，所以评述环境规制目标文献，从而发现其理论研究中的不足，应当也是本书基础工作的一部分。

一、《大气污染防治法》研究现状

对国内以"大气污染防治法"为题的文献进行收集整理，可以发现有关《大气污染防治法》的研究伴随《大气污染防治法》的创设与修订呈现上下起伏的态势，研究峰值聚集在1995年、2000年以及2015年（也就是三次《大气污染防治法》的修订时期），笔者尝试以研究的阶段时间对《大气污染防治法》的相关研究进行整理与分析，发现相同阶段的《大气污染防治法》研究具有一定的共性；而不同阶段的《大气污染防治法》研究则有明显区别甚至对立的观点，表明我国学者对《大气污染防治法》的相关认知一直处于变化与发展之中。

可查的、较早的有关《大气污染防治法》研究的文献出自1987年第一部《大气污染防治法》出台前后，多数文献是对这部新法律进行介绍与推广。学者们很清楚地意识到，《大气污染防治法》的出台是为了应对新出现的污染形式——大气污染，属于一部典型的应急性功能法（商寿言、陈冰，1988年）。它的出发点十分明确，是为了应对防治煤烟型污染（徐鸿涛，1988年）。虽然1987年《大气污染防治法》第1条规定："为防治大气污染，保护和改善生活环境和生态环境，保障人体健康，促进社会主义现代化建设的发展，制定本法。"然而由于当时第一部环境保护法尚未出台，对环境保护相关的法律并没有足够与系统的认知，《大气污染防治法》并没有直接与大气环境质量联系与挂钩，立法者也没有从整体大气环境的视角对法律进行设置。《大气污染防治法》通篇规定大气污染物排放者（以工业主体为主）的义务与罚则，其目标属于典型的不法惩罚规制目标。由于并没有大气立法与实践的经验，《大气污染防治法》相关研究并没能为《大气污染防治法》提出有深度的建议与意见，仅仅在条文文字的用词上进行了一些摸索（曹叠云，1988 年）。

此后鲜见有关《大气污染防治法》的研究，直到 1995 年《大气污染防治法》第一次修订，有关《大气污染防治法》的文献又丰富起来。就 1995 年修订后的《大气污染防治法》来说，修改的内容主要是关于大气污染防治的细节性问题。包括：限制和淘汰落后生产工艺和设备，煤炭的洗选加工和限制燃用原煤，控制二氧化硫污染，限制含铅汽油以及其他一些小细节（翟勇，1995 年）。由于已经有数年的实施经验，对于《大气污染防治法》的实施，学者们纷纷表达了自己的意见与建议。其内容可以大致分为两大方面：一方面是需要扩大《大气污染防治法》管控的范围，从原本主要针对煤烟污染到更加重视机动车、船污染，并且更注重污染源产生阶段的防控（赵维钧，1997 年）；另一方面是在法律责任的内容上进行思考，加强对大气违法行为的惩罚力度。加强惩罚又体现在两个方面：一是加重具体责任的罚则，二是丰富责任内容，提出构建行政、刑事与民事三位一体的责任体系（于可、罗家山，1996年）。由此可见，经过数年的《大气污染防治法》实践，理论界并不认为第一部《大气污染防治法》足以应对日益严重的大气污染，相关的研究呈现了典型的"规则研究"+"罚则研究"，试图以更广、更重的个体惩罚来应对大气污染问题。值得一提的是，在众多学者中，有学者提出了将"总量控制制度"引入《大气污染防治法》，他注意到"大气污染物的控制以排放浓度控制为中心，这种控制方法难以从总体上改变大气环境质量不断恶化的局面，不可避免地会引起不合理稀释排放现象"（张梓太，1996年）。但这并不意味着学者将法律思考的视角从个体惩罚转向了整体大气环境质量，因为张教授是将大气污染总量控制与排污许可、排污收费以及市场激励等放在市场调控的领域，将大气污染总量控制理解为法律手段之外、市场手段之内的大气污染防治制度。并且，此观点也缺少更多的学者对其进行呼应。

此后，《大气污染防治法》研究又恢复了沉寂，直到2000年《大气污染防治法》的再次修订。此次《大气污染防治法》修订不仅在防治范围上进一步扩大，并且在控制方式上有了一定程度的革新。2000年《大气污染防治法》增加了排污总量制度与按排污总量收费制度。这是一个可喜的突破，这说明立法者意识到"以浓度控制为基础的环境政策已经不能适应环境管理工作的需要，因为大多数污染源虽然已经达标排放，总体环境质量仍在继续恶化"（罗宏、王金南、杨金田，2000年）。但这仍然远远不够，因为此阶段《大气污染防治法》研究虽然都注意到了"排污总量制度"是必要并且急需的，但学者们仅仅将其视为一种具体制度，而不是一种立法思路。它与排污许可与收费制度、排污超标即违法制度并行（王彬辉，2000年）（蔡炳华、蒋宏奇，2000年）。值得一提的是，有学者在思考《大气污染防治法》时将美国《清洁空气法》与我国《大气污染防治法》进行比对，然而遗憾的是，他并没有意识到美国实施的是"国家空气质量标准原则"，其基本含义是"空气质量标准由联邦政府制定，各州和地区应制定具体实施方案以实现联邦政府的标准"（梁睿，2010年），这与我国的立法直接规定"个人准则+罚则"是截然不同的，反而得出的结论是"我国的管理体制基本上与美国的管理体制一样"（秦天宝，2002年）。这说明彼时的学界，还并没意识到，存在一种与不法惩罚完全不同的规制目标——"环境质量目标"，它是一种完全以"环境质量目标"为标准和出发点的"总量控制制度"（徐祥民，2016年）。

在2000年《大气污染防治法》修订之后，到2014年新的《大气污染防治法》修订初稿上报国务院，对《大气污染防治法》的研究又重新集中到具体的《大气污染防治法》调控范围的领域。例如二氧化碳是否需要列入《大气污染防治法》调控范围（常纪文，2009年），低碳城市建设（2012年），移动源大气污染防治（楚道文，2013年）等。

其中，有学者在进行大气污染防治法律制度研究时，提出了"大气污染分区管理"的设想，他认识到"我国目前的新型复合型大气污染，呈现为地区极端不平衡的复杂态势。现行的《大气污染防治法》是以全国的总体情况为基础的，这就造成了不同地区面对不同污染类型，采取的却是同一类标准和制度，不利于大气环境保护"（胡苑、郑少华，2010年）。这说明已经有学者意识到，由于大气环境的复合性，直接由《大气污染防治法》本身制定详细的个体规则是无法真正实现大气环境保护的。

随着新修订的《大气污染防治法》审议通过并予以实施，学界对其给予了相当的关注。在对修订案的建议中，不乏围绕大气环境质量提出的真知灼见。首先，已经有学者意识到，以往的大气立法都没有以提高大气环境质量为根本目的，新的《大气污染防治法》应当明确以大气环境质量优先，排除经济等其他因素的干扰（李显锋，2015年）（曹明德、程玉，2015年）（王金南、雷宇、宁淼，2015年）；其次，必须让地方政府为自己辖区内的大气质量负责，实现区域大气质量问责制（曹明德、程玉、2015年）（周珂、于鲁平，2015年）（柴发合等，2015年）；最后，学者们都开始思考如何将法律管控与大气环境质量目标真正的结合起来。例如，有学者提出，在立法思路方面，建议围绕大气环境质量目标管理和实际大气环境容量、实时排放流量控制相结合的模式进行立法（常纪文2015年）；也有学者在规划具体制度时，提出以整体大气质量目标规划"联防联控"制度（吴隽雅）；也有学者提出要联合各个区域进行大气环境质量的考评（吴静贤，2018 年；杨丽君，2018 年）；以及域外大气污染治理对我国的启示与借鉴（王琦，2018 年）。

从偏重研究《大气污染防治法》的具体调控手段与范围，到聚焦于如何将大气环境质量与《大气污染防治法》相结合，近几十年的《大气污染防治法》研究告诉了我们一个事实：仅仅对《大气污染防治法》的细节进行改善与修订是远远不够的，必须对《大气污染防治法》的核心问题进行反思。这个核心问题就是如何真正将《大气污染防治法》与大气环境质量结合起来。学者已经意识到这个核心问题，然而仅仅在原则上或者某些具体制度上考虑大气环境质量目标是远远不够的。针对这一点，有学者提出，传统的包括《大气污染防治法》在内的环境立法皆是延循"准则+罚则"的不法惩罚模式，正是这一模式导致《大气污染防治法》最终的法律目标是"惩罚不法"而不是"优良的大气环境品质"，只有改变这一规制目标，将"环境质量目标"作为《大气污染防治法》新的规制目标，才能最终实现大气环保的目的。

二、规制目标研究现状

个体与整体，是法理学的基本问题之一，法律的最终目的是调整整体社会而非社会个体，然而法律直接面对的又是每个社会个体而非社会整体。美国法学家庞德曾经说过"法律是社会控制的手段，社会控制就是对人类个体本性的控制"。庞德所说抽象的人性以及社会控制是对人本性的支配也许是不科学的，然而他的可取之处在于他很早就看到法律是通过控制个体来达到社会控制的目的。对于具体的法律规则而言，对象往往都是分散的个体，而不是直接的社会整体。以刑法与犯罪为例，任何犯罪现象都是以孤立的、分散的、单个人的形式所表现出来的反抗统治阶级社会关系和社会秩序的行为，而法律认定犯罪、惩罚犯罪分子，则是以国家对个人、以整体对个别、以集中对分散的姿态出现的（公丕祥，1989年）。由于法律对社会关系的调节是通过调整社会关系参加者的行为来实现的，在传统的规制目标中，个体行为是法律必须关注的对象。通过惩罚个体犯罪行为以实现社会和谐的法律目的，正是以往法律规制目标的普遍形式。马克思将之阐述为，"我只是由于表现自己，只是由于踏入现实的领域，我才进入受立法者支配的范围。对于法律来说，除了我的行为以外，我是根本不存在的，我根本不是法律的对象。我的行为就是我同法律打交道的唯一领域，因为行为就是我为之要求生存权利、要求现实权利的唯一东西，而且因此我才受到现行法的支配"。而人的意志是自由的，法律必然需要限制与引导这种自由才能实现调整社会主体行为的目的，惩罚人的不法行为从而限制人的不法意志也就成为法律的一种基本手段。所以说，传统法律往往通过个体不法惩罚的方式来实现自身的立法目标，这里的不法惩罚既包括禁止与义务性的规制目标，也包括权利性的规制目标，因为只有对侵害权利的不法行为进行惩罚，赋予的权利才有存在的价值与可能。

我国现行的环境法也采用这种不法惩罚的规制目标。一般环境法的文件结构是两部分：一部分是原则、规则，这部分的作用是设定行为规则；另一部分是罚则，其作用是明确违反规则的责任。[1]这种结构简化一下就是"规则+罚则"。2014年修订通过的《中华人民共和国环境保护法》（以下简称《环境保护法》的"规则"部分共5章，即第一章到第五章；"罚则"部分名为"法律责任"为第六章。1989年的《环境保护法》的"规则"部分共4章即第一章到第四章；"罚则"部分也称"法律责任"为第五章。其他较为常用的单行环境法都是这样构成的。所不同的仅在于"规则"部分的章节条款数和"罚则"部分的名称。[2]

除最主要的不法惩罚模式之外，环境法还有另外一种设立规制目标的模式——总行为控制。例如环境法中有关"排污总量控制"制度，即是以总行为作为规制目标。排污

---

[1]　在此部分中也存在一些激励性的规则，然它们的存在及其在环境法中的运用，不会构成对本观点的否定或其他严重影响，故不予讨论。

[2]　从我国现行法律中筛选出包括《水污染防治法》等污染防治法，《森林法》等资源保护法，《野生动物保护法》等生态保护法，《防沙治沙法》等环境退化防治法等在内的20项"常用中国环境法律"，结论是以这20项法律为根据的。

总量控制制度以控制对环境的整体污染物排放为主要目的，其实质是要控制所有排污行为人总体的排污行为之和，而不是控制单位个体的排污行为，这就是总行为控制模式在控制排污领域的一项具体制度。我国环境法采用总行为控制的主要有六种制度：①排放总量控制制度。排放总量控制制度是以"污染物排放总量"为控制目标的污染防治制度；②取用总量控制制度。取用总量控制制度是以"从自然环境中取得有用物质的总量或利用自然环境的某种功能的总利用量"为控制目标的环境保护制度；③基本环境能力保持制度，基本环境能力保持制度是以"维持环境对人类的或人类所需要的其他环境条件的基本能力或基本功能"为控制目标的一种环境保护制度；④保护区制度，保护区制度是以"人类行为不损害划定区域和区域的特定功能"为控制目标的总行为控制制度；⑤保护名录制度，保护名录制度是以"列入名录的动植物或其他保护对象及其生存繁衍条件不受损害"为控制目标的制度；⑥防治规划制度，防治规划制度也属于一种总行为控制制度，或者说它的设计思路与总行为控制模式相一致。它是以制定规划与实施规划的方式来实现具体的行为控制目标的环境保护制度。

除上述两种模式外，我国环境法还存在第三种设立规制目标的模式——环境质量目标。或者说，这种模式是一种特定的总量行为控制模式。它是以环境质量标准来设置一个具体的环境质量目标，并以这个目标来控制整体环境行为。此种规制目标下的环境法，首要任务是先确立一个环境质量目标，然后再要求或许可执法机关或其他对环境保护负责任的机关采取环境保护行动，以最终实现这个目标。虽然采用此规制目标的法律制度与规定相较于前两种并不多见，然而我们仍然能发现一些它的踪迹。[1]例如我国为防治风沙而制定的《防沙治沙法》第 18 条第 2 款规定实行以"产草量"为依据的"载畜量控制"制度，这里的"产草量"就是特定的环境质量标准，"载畜量控制"制度就是按照这个标准设立的草原环境质量目标。再例如，《渔业法》规定了"捕捞限额"制度。该制度根据"渔业资源增长量"制定了"捕捞限额"这一行为目标。《渔业法》第 22 条规定"根据捕捞量低于渔业资源增长量的原则""确定渔业资源的总可捕捞量，实行捕捞限额制度"。这里确定"捕捞限额"的依据是"渔业资源的总可捕捞量"，而确定"渔业资源的总可捕捞量"的依据是"渔业资源增长量"，所以，确定"捕捞限额"的最终依据是"渔业资源增长量"这一环境质量标准。再比如我国《森林法》，也是依据"生长量"这一环境质量标准来设置木材"年采伐量"这一环境目标的，它与《防沙治沙法》《渔业法》都有部分制度采用了环境质量目标这种设立规制目标的模式。

---

〔1〕 这种规制目标部分存在于《环境保护法》，也有部分存在于其他环境类法律法规，在此一并举例之。

第二章

问题之源：错误的规制目标

大气污染防治作为一门集政治、法律、社会、经济与文化内容在内的综合性领域，仅从法律视角对大气污染防治立法进行反思与改革，并不能一劳永逸地解决大气环境污染问题。然而，法律并不仅仅是大气污染防治领域内简单的一个组成部分，我们必须清楚地认识到法律在大气污染防治中的特殊地位。首先，法是社会客观发展的产物，是被生产力决定的上层建筑之一。大气立法自从诞生起，就意味着客观的社会现状需要法律这一制度工具，意味着解决发展的生产力与大气环境承载之间的矛盾已经无法单纯依靠科技或者经济的发展来解决。其次，法是最强有力的制度工具，法律将国家这一暴力机构作为自身约束力的保障，以法来防治大气环境污染能最大限度地推进"大气污染必须得到防治"这一国家意志，确保相应制度与措施的最终落实。最后，法律是现代法治社会的基石，法治社会意味着"治者从法"，[1]是说社会、科技、经济与文化都需要按照法律的要求来进行自身制度的构建，同时法律也会保障这些制度的运转与实施。在大气污染防治上，任何制度与措施的构建都要以法律的要求作为基础，同时最终也能通过法律得到保护。基于法律在大气污染防治领域的特殊地位，研究《大气污染防治法》与大气相关立法是解决大气污染问题的基础工作与关键之一。

第一节　科学技术层面的反思与再思考

《大气污染防治法》本质是属于社会性规范的法律，直接调整的是个体大气环境行为。但对于个体大气环境行为的调整方式和手段，包括对于权利的界定、义务的分配以及管理程序的规范，都需要遵循自然科学规律（生态规律）。由于《大气污染防治法》主要是通过调整大气环境领域内人利用大气环境的行为，从而最终实现人与大气环境的和谐。因此它必然是一部建立在生态自然属性上的法，它的设置必然遵循客观的生态自然规律。这使得大气立法的主要内容必须以科学技术为基础，也需要不停地随着不断发展进步的自然科学而发展自身，最后还需要以法律实践结果来接受自然

---

〔1〕　徐祥民："规则之治及治理之规则——关于社会主义法治国家建设的若干思考"，载《人民论坛·学术前沿》2016年第11期。

科学的检验。《大气污染防治法》的科学技术性，体现在多方面：大气立法中很多大气环境法律规则就是技术性规范；[1]科学技术的发展增进了对大气环境法律因果关系的认识；[2]科学技术的进步更新了大气环境法学知识，深化了大气环境法律认知；[3]大气环境法律的科学技术属性影响了《大气污染防治法》的立法视角，[4]等等。其中，最为直观、也最为具体的影响是科学技术的发展拓宽了大气环境法律调整的领域与规则。在大气环境法律诞生之初，受制于科学技术的滞后，立法者并不能充分地认知大气污染的机理，大气环境法律缺乏科学的污染应对措施与完善的治理之策，对于大气污染问题只能采用被动的、个别的、事后的限制与防御手段，例如限制煤炭与石油能源的使用地区、使用

[1]　大气环境标准是为了防治大气环境污染、保证大气环境质量、维护大气生态平衡、保护人群健康，在综合考虑国内大气环境特征、社会经济条件和现有科学技术基础上，规定大气环境中污染物的允许含量和污染源排放物的数量、浓度、时间和速率及其他有关的技术规范。

[2]　要追究责任主体的法律责任，首先必须确认其违法行为与损害结果之间有无因果关系。但由于大气环境污染的长期性、潜伏性和多因性的特征使得大气环境法律因果关系的认定过多依赖于科学进步对于自然规律的认识。人们之间的法律关系并不完全或自动由自然的因果关系所决定，但如果说科学是由实验观察发现因果关系的一种系统努力，那么，因科学发展而引发的对社会生活的某一方面的因果关系的认定、理解和把握就常常会对法律制度，并对通过这一制度完成的责任分配产生重大影响。

[3]　科技进步深化了大气环境法律对于客观现实与自然规律的认知，促使立法者开始反思"人类中心主义"，引入"生态中心主义"的视角，最终确定大气环境法要转换思维，确立"生态伦理"的伦理观，形成《大气污染防治法》的可持续发展指导思想。

[4]　大气环境法律的科技内因性决定了大气环境法制要从抽象走向具体、从定性分析转变为重视和兼顾定量分析。

时间和限制个别大气污染物排放数量等。随着大气环境问题和生态危机的进一步恶化，人类不得不重视与发展环境保护领域的科学研究，转而影响大气污染控制方式，逐步由被动的末端控制走向主动的源头控制、由单项污染治理走向复合的综合防治。更为重要的变化是科学技术的进步与发展使我们对于环境污染的机理和整个生态系统的内在规律有了更为深刻的认识，从而有针对性地把更多的领域纳入大气环境法律的规制范围，通过法律、行政、经济等手段更为科学地协调人们的生产、生活和大气污染防治的关系。

一、科学技术层面的反思

对于《大气污染防治法》存在的不足，有一部分学者提出了针对法律规制的范围、技术与措施上的反思。这些反思往往针对特定的污染源、污染防治技术手段或污染防治标准与措施，可将之归纳为对《大气污染防治法》技术层面的反思。李显锋博士认为，我国的《大气污染防治法》无法有效地应对我国大气污染从煤烟型转变为复合型的客观现状，导致《大气污染防治法》在立法目标和具体制度上的不足逐步凸显，从而无法对日益严重的大气污染做出有效应对，致使雾霾成为中国的"呼吸之痛"。[1]

---

〔1〕 李显锋："《大气污染防治法》修改的背景、问题及建议"，载《理论月刊》2015 年第 4 期。

　　楚道文教授认为，由于我国机动车船等交通工具数量上的迅猛增长和技术水平上的落后，导致我国移动源大气污染物不仅绝对量（总量）大大增加，而且相对量（贡献率）也急剧上升。[1]从大气环境的污染现状上看，移动源产生的大气污染已经成为大气污染的重要部分，并且处于快速恶化的趋势中。但《大气污染防治法》中针对这一情况的规定却存在缺陷：一是缺乏对非道路移动源污染防治的规定，表现为我国《大气污染防治法》仅仅将移动源的外延限定为"机动车船"，然而这样的规定已经不能客观应对移动源大气污染防治的实践需要，立法上对非道路移动源规定的空白和缺憾严重影响了《大气污染防治法》的实施效果；二是特定区域的针对性制度设计存在不足，北京、上海等发达城市的移动源大气污染程度非常高，但大气立法依然一视同仁地仅以"排放标准"对其进行规制，显然无法实现良好的空气质量这一结果；三是针对有排放缺陷的移动源的责任规定不科学，《大气污染防治法》针对移动源生产者的环境责任仅包括新的移动源，生产者不必对于已经销售的"超过排放标准"的移动源承担环境责任，相应的环境责任由移动源的所有权人和维修单位承担，最终费用都由所有权人偿付，这样的规定既不科学也不公平。

　　柴发合教授认为，原有的《大气污染防治法》存在诸

―――――――――

　　〔1〕　楚道文、安如喜："论我国移动源大气污染防治制度的完善——以《大气污染防治法》规范分析为视角"，载《法学杂志》2013年第8期。

多不足，例如针对细颗粒物（PM2.5）和臭氧（O_3）为特征污染物的区域性复合型污染缺乏应对，同时也提到了针对移动大气污染源的控制存在不足。新《大气污染防治法》除了立法目标、制度建设上有长足进步外，还特别加强了燃煤和能源大气的污染控制，进一步强化了工业污染防治，关注扬尘污染的防治等。这些防治领域的增加与防治手段的加强能推动《大气污染防治法》的顺利实施，促进我国大气污染防治工作的顺利开展。[1]

二、科学技术层面反思的再思考

这些反思当然是有益的，因为作为一部极具科学技术属性的法律，《大气污染防治法》的实施效果一定程度上与其技术先进与否、配套与否直接相关。落后或者不适宜的科学技术必然会导致《大气污染防治法》不能有效地对新兴污染源或污染情况做出及时的反应，也会大大影响《大气污染防治法》在实际操作中的可行性。然而这并不能说明《大气污染防治法》无法彻底解决大气污染防治问题是因为《大气污染防治法》科学技术上的原因。

从《大气污染防治法》的历史沿革不难看出，三次修订的立法针对的都是变化的大气污染严峻形势，其中不仅包

---

[1] 柴发合等："强化责任 多措并举 建立健全大气污染综合防治新体系——新《大气污染防治法》解读"，载《环境保护》2015 年第 18 期。

括愈加严重的传统工业、机动车大气污染，还包括新的大气
污染源。换句话说，三次修订主要都是科学技术层面的、针
对新兴污染源或者老污染源新治理上的改进。这说明《大
气污染防治法》极其注重自身科学技术的与时俱进，甚至
可以说是新的技术性问题（例如新的污染源）的出现，实
质推动了《大气污染防治法》自身的修改与革新。即使
《大气污染防治法》的每一次修改或修订，都是落后于客观
的大气污染现状或应有的科学技术水平的，[1]然而从自我
比较的层面上说，每一次修改或修订都意味着《大气污染
防治法》科学技术性的进步与发展。这种进步与发展应当
带来直观的大气污染防治效果的增加与显现，但根据前述对
大气环境质量与污染情况的统计来看，数次《大气污染防
治法》的修改与修订并没有明显地改变大气污染的情况与
发展趋势，相反，无论是传统污染源还是新兴污染源都依旧
"茂盛生长"。此种反差并不符合因果逻辑，如果落后的科
学技术性是《大气污染防治法》无力的根本原因，那么每
一次《大气污染防治法》科学技术性的发展与革新，应该
能显著地改变大气环境污染的现状，例如针对新兴污染源的
技术与规则革新应该在新兴大气污染源上表现出明显的效
果，然而真实情况并非如此。所以大气立法与大气环境污染
的历史已经将"《大气污染防治法》无力主要是因为科学技

---

〔1〕　关于环境立法的滞后性，余耀军、高利红："法律社会学视野下的环
境法分析"，载《中南财经政法大学学报》2003 年第 4 期。

术原因"这一推断证伪了。

历史告诉了我们结论，我们仍然需要去发掘结论背后的缘由。大气生态系统是开放的系统，内部具有物质、能量、信息的流动和交换，整体大气生态系统由于这种流动与交换而处于动态的平衡和稳定状态。过多的污染物排入这个开放的生态系统，超过了其自净与承载能力，就会破坏大气生态系统原有的平衡和稳定，当这种破坏超过一定程度时就引发了严重的大气环境问题。我国以往的《大气污染防治法》的确遵循着科学技术的原则，针对不同的大气污染问题，以不同的大气污染防治技术和管理方式来进行法律应对，然而却忽略了特定的大气污染与大气环境整体质量之间的关系。换言之，《大气污染防治法》一直以来关注的法律目标是以发展的污染防治认知与技术来应对特定的大气污染，而《大气污染防治法》最终要实现的目标是良好的大气环境质量。特定大气污染物的防治与大气环境质量之间复杂的关系没有被正确地认知，而这一点才恰恰是《大气污染防治法》最应具备的科学认知。

首先，大气环境质量是对大气生态系统的整体评价，传统的《大气污染防治法》将整体的大气生态系统还原分解为最基本的单元来认知其构成和功能，将复杂的系统状态拆解为简单的分部形态、把有机联系的高层次结构还原到独立的低层次成分，认为整体的大气生态系统是由各种单一的大气环境因子（例如大气中的二氧化硫、悬浮颗粒物等）简单叠加起来的，其隐藏的逻辑是认识部分就能把握整体。实质上，这种还原分析是非科学地切割了大气环境生态的整体性、复杂性，使其失去原有的关系和属性。

其次，每个部分的大气环境因子之间、局部和整体之间又是相互有机关联的，而《大气污染防治法》并没有关注到这种关联，仅仅"就事论事"，正如哲学家莫兰所说："把我们培养起来的简单的知性使我们只善于使用原子式的而非分子式的概念，使用孤立和静止的化学式的概念，而不是那种在他们相互依存的循环关系中彼此互相产生的有机的概念。"[1]如果我们未能科学地认知整个大气生态环境内部的有机联系，就无法正确把握其运行规律，更谈不上科学有效地治理大气环境。

再次，大气污染防治与大气环境质量并非是线性的关系，现代自然科学已经证实，环境生态系统中按照线性动力学的关系做确定、规律运动的是极少数和例外，自然界的生态活动从本质上来说是非线性的、复杂的，大气环境生态亦然如此，《大气污染防治法》必须考虑更多的因素才能全面、准确地把握大气污染及污染防治与大气环境质量之间的关系。

复次，大气环境系统中的变化又具有混沌性。混沌是非线性动力系统中的看似随机的非周期行为，由系统作规则运

---

〔1〕 ［法］埃德加·莫兰：《方法：天然之天性》，吴泓缈、冯学俊译，北京大学出版社2002年版，第213页。

动时不可避免的涨落所引起，是无序中的有序。以大气环境生态中的天气变化为例，《大气污染防治法》仅仅认识到天气变化直接影响区域大气环境质量，比如悬浮颗粒物的含量，却没能认识到看似随机的天气变化其实具备无序中的有序，认知并掌握这种有序才能有效地对大气污染进行防治。

最后，大气环境系统的根本属性是其自组织性，也就是平常所说的自我循环。大气环境生态原初是有序平衡态的开放系统，受到外界侵蚀时，出现不平衡态。当这种侵蚀损害是一定量时，它能够通过自行组织、演化、渐变、突变，从受侵害的无序再次走向有序、并逐渐地从低级有序走向高级有序，形成有序的循环。当这种侵害超过一定限度时，大气生态秩序被严重打乱，就难以通过生态系统自身的调节形成新的平衡，也就构成不可逆的损害。因此，包括《大气污染防治法》在内的人类大气环境行为在加入大气生态环境这个开放系统以后，必须以其自组织性为所有行为的基础认知，方能保证大气环境生态继续生生不息、持续运转，最终实现人与大气的可持续发展。

《大气污染防治法》以防治某些具体的大气污染为法律目标，所以在此之上的科学技术原因的反思都是针对特定的大气污染物防治的反思，缺乏最关键的针对整体大气环境质量（大气环境生态）的科学技术反思。《大气污染防治法》将"提升大气环境质量"作为它的根本目标，却不知如何科学地认知大气环境质量，以及它与具体大气污染防治之间的关系。所以这些反思即使在某些特定的大气污染物防治上产生了一些效果，却不能从根本上扭转《大气污染防治法》防治大气污染不力的结果，也就无法最终实现良好的大气环境质量。

第二节 政府行政层面的反思与再思考

法律与行政，尤其是与行政执法存在互为前提的关系。没有法律，绝大多数的行政就没有了合理性与权威性，权力就变得无处可依；没有了行政，大多数的法律就得不到有效地执行，本身就丧失了存在的意义。同时，法律与行政两者不仅相互依存，而且还相互影响、相互作用，完善、科学的立法是严格、高效行政的必要条件之一。反之，行政的得与失也会对立法的完善与发展产生积极的影响。一部法律产生的最终结果是否良好，不仅取决于法律本身的设置，也取决于行政（执法）的实施。如果行政（执法）出现了重大的问题，那么即使再良好的法律最终产生的结果也未必良好。在我国，包括《大气污染防治法》在内的环境保护法律都以政府的环境行政（执法）为重要内容，也往往需要政府的环境行政（执法）来进行实践。政府的环境行政（执法）存在问题，会直接影响这些环境法律的最终结果。甚至有学者认为"目前，我国环境法治面临的主要问题，已不是'无法可依'的问题，而是'有法不依，执法不严，违法不究'的问题"。[1]原环保部部长周生贤明确指出，在环境保护领域，"有法不依、执法不严、监督不力、违法不究的现象普遍存在"。原环保部副部长潘岳也多次强调，"我国的环境法虽多，但管用的却不多"。由此可见，有相当多的观点认为包括大气污染法在内的环境保护法律其最大的问题在于政府的环境行政。

一、政府行政层面的反思

政府的环境行政包含着丰富的内容，包括政府的行政责任、制度、程序、标准等。为了与后续针对《大气污染防治法》进行制度设计的内容进行区分，本部分讨论的政府行政指的是具体制度设计与操作以外的政府行政内容，例如行政目标、行政标准、行政责任以及行政主体等。几乎所有的环境领域的学者都认为，政府行政中唯国内生产总值（GDP）至上的行政目标是环境法难以真正有效实施的重要原因。原总理温家宝曾指出，"有的地方不执行环境标准，违法违规批准严重污染环境的建设项目，有的地方对应该关闭的污染企业下不了决心，动不了手，甚至视而不见，放任自流；还有的地方环境执法受到阻碍，使一些园区和企业环

---

〔1〕 晋海、周龙："论我国环境法的实施困境及其出路——以阿马蒂亚·森的发展理论为视角"，载《河海大学学报（哲学社会科学版）》2014年第1期。

境监管处于失控状态"。[1]温家宝同志的讲话反映出某些地方政府与环境法律之间的"角力"。可是，作为环境法律的执行者与监督者，有些地方政府缘何要"阻挠"环境执法？这是因为在这些地方政府的观念中，行政的最终目标是GDP的上升，为了GDP可以牺牲环境保护。[2]工厂生产必然要向大气中排放污染物质，控制这些污染物质的排放必然影响这些工厂的生产规模与生产效益。因此，为了保证工厂的高效生产从而实现GDP的上升，一些政府在环境行政中变相保护大气环境污染行为，甚至为这些行为"开绿灯"。大气环境法律在实际操作中处于被"架空"的位置，因而大气污染防治陷入了实施困境。

邹兰先生认为，《大气污染防治法》在环境标准的制定上存在重大问题，因而直接影响了《大气污染防治法》的实施。环保法律虽然授予了国务院生态环境主管部门和地方省级人民政府制定环境保护标准的职权，但是这种授权还不完善，没有对授权事项、被授权者提出约束要求，缺失相应规则，例如没有明确制定这些标准的目的、原则、技术依据和程序要求等。在现实标准制定中，由于缺乏上位法的指导，基于标准主管部门、标准编制单位的理解和把握进行制

---

〔1〕　温家宝："全面落实科学发展观　加快建设环境友好型社会"，载 http://www.southcn.com/nflr/11zhuanti/xhjj/zy1s/200604190638.htlm，最后访问日期：2019年8月3日。

〔2〕　中国社会科学院环境与发展研究中心编：《中国环境与发展评论》(第2卷)，社会科学文献出版社2004年版，第86页。

定，难免有所偏颇。[1]从大气环境质量标准上看，《大气污染防治法》仅从标准体制上将国家环境质量标准和地方环境质量标准予以区分，却没有对环境质量标准制订的目的、原则、技术依据进行相应的规定。从大气污染物排放标准上看，《大气污染防治法》明确了国家、地方两级标准，以及"根据国家环境质量标准和国家经济、技术条件，制订国家污染物排放标准"的标准制定原则，但该原则过于笼统，在实际行政中几乎没有地方政府依此制定更严格的大气污染物排放标准。

蔡守秋教授认为，政府环境责任的缺陷和不足，是环境保护领域政府失灵、环境法律失灵的一个重要原因。[2]政府被赋予了环境行政权力，却缺乏环境责任。政府环境责任缺乏完整性、有效性和正当性。缺乏完整性，是因为现行环境法律在政府环境责任的规定方面存在一定程度的空白，对政府环境责任没有全面规定、规定得不充分或是没有相应的配套内容。缺乏有效性，是因为存在少数针对政府责任的规定没有抓住要害和关键，不具备可操作性与可实施性。缺乏正当性，是因为产生政府环境责任的程序不够完善，导致政府环境责任的内容缺乏正当性、合理性，与公众的需求和利

---

〔1〕 邹兰等："《大气污染防治法》修订中有关标准规则的探讨"，载《中国人口·资源与环境》2015 年第 S2 期。

〔2〕 蔡守秋："论政府环境责任的缺陷与健全"，载《河北法学》2008 年第 3 期。

益不完全符合。所以，蔡教授将政府失灵、环境法律失灵或环境法有效性不足的原因归因于环境法律中政府环境责任相对不完善，最终导致"治理速度远远赶不上污染速度""环保部门立法虽多，管用的不多"。曹明德教授认为，大气污染防治中单一的治理主体导致大气污染防治等同于大气环境行政，因此大气污染防治无法实现良好的大气环境结果。[1]伴随着公众参与环境治理的意识的觉醒，越来越多的人开始关注环境治理中的公共参与，环境法也从一直以来的行政管制模式朝着开放性、参与性、协商性、合作性和包容性的社会公共治理模式进行转型。具体到大气污染治理中，不应当是单一的政府行政主体。政府内部不同职能部门或不同层级政府之间、同级政府之间应当是通力合作、协同行政的关系。同时，政府作为大气环境行政的主体，应当与市场、社会主体就大气环境的治理达成多元治理的关系。然而，综观《大气污染防治法》，对单位与个体的法律责任规定条款共计数十条，而缺乏将它们作为多元治理主体的相应规定。因此，大气污染防治法应当在广泛的主体参与、沟通和协商这一多元治理理论之上，以政府环境行政作为关键点与连接点，建构大气污染防治法中的大气环境公共治理机制。

对于公众参与来改革政府环境行政的观点还可以通过理

---

〔1〕 曹明德、程玉："大气污染防治法修订之我见：兼评《大气污染防治法（修订草案）》"，载《江淮论坛》2015 年第 3 期。

论与实践两方面进行论述。一是理论上，黄锡生教授提出，政府的环境行政与公民环境权之间存在对立统一的关系，既互相联系、依存，又互相对立、冲突。[1]就两者的联系与依存上说，环境行政是满足公民环境权得以实现的需要，也就是说公民环境权是政府环境行政合理性与正当性的基础和来源，政府的环境行政必须以实现公民环境权为首要目的。就两者的冲突与分歧而言，政府的环境行政与公民环境权存在错位，两者在环境法实践中往往处于互相冲突与互相矛盾的态势。因此，应该在法理上严格界定政府环境行政与公民环境权的关系，并让两者互相融合、互相促进、共同发展。二是实践上，赵俊教授认为，如何完善大气环境信息公开制度是《大气污染防治法》必须面对的紧迫问题。现有的《大气污染防治法》在环境信息公开的理念、信息公开的范围，特别在是否将"温室气体排放信息"作为主动公开的对象等方面，与《巴黎协定》透明度框架制度存在明显冲突。[2]完善与改革《大气污染防治法》必须首先解决大气环境信息公开的问题，从而使我国大气环境信息公开制度与《巴黎协定》透明度框架制度相适配，最终解决我国在应对大气环境问题尤其是气候变化上遭遇的其他问题。

---

〔1〕 黄锡生、黄猛："我国环境行政权与公民环境权的合理定位"，载《现代法学》2003 年第 5 期。

〔2〕 赵俊："我国环境信息公开制度与《巴黎协定》的适配问题研究"，载《政治与法律》2016 年第 8 期。

二、政府行政层面反思的再思考

作为环境保护的重要领域，大气污染防治一直是政府环境行政的重点内容。2005 年国务院出台的《关于落实科学发展观加强环境保护的决定》就把城市的空气质量作为改善城市环境的重点。2011 年国务院印发的《国家环境保护"十二五"规划》，就极为重视大气污染的防治问题。规划要求建立区域空气环境质量评价体系与大气污染联防联控重点区域制度。不仅针对各种大气污染物实施协同控制与治理，还对火电、钢铁、有色、石化、建材、化工等行业进行重点防控，设置区域大气污染物特别排放限值标准。在城市的大气环境保护中，发起城市清洁空气行动，建立和完善城市空气质量分级管理制度，采取多种大气污染物综合控制措施。不仅着眼当下，规划还进一步制定了《〈国家环境保护"十二五"规划〉重点工作部门分工方案》等一系列实施方案，为大气污染防治的未来做进一步布局。然而，这一切大气环境行政上的努力仍然没能阻遏 2013 年雾霾污染席卷整个中国。据统计，有 25 个省份、100 多座大中城市遭遇不同程度的雾霾袭击，波及东北、西北、华北、黄淮、江南等地区，受影响面积逾 143 万平方公里，多地城市 PM2.5 监测出现"爆表"现象，给民众的生命健康与正常生活构成极大威胁。从大气环境行政上的努力到大气污染恶化的现实，两者的强烈反差足以说明，政府在大气环境行政上存在问题，这个判断不仅正确，而且被反复提及，甚至可以说具有"悠久的历史"。早在 20 世纪 70 年代，就有学者在介绍国外环保制度时，提出要加强环境行政中的公众参与制度建设；在 20 世纪 80 年代，[1] 就有许多学者提出我国环境行政执法中，存在"重经济发展，轻环境保护"的重大问题；[2] 在环境标准的制定上存在许多缺陷；[3] 在 20 世纪 90 年代，就有学者提出地方政府没能承担起应有的环境行政责任，造成环境行政与执法进展不顺。[4] 然而这些"老生常谈"的问题分析与思考至今仍然在当前环境保护与环境法的研究结论中屡见不鲜，这不禁令人感到诧异，为何如此"古老"的问题，却一直没有得到真正的解决？

想要回答这一问题，还需回到问题的本身。首先，在现有的行政考核体制下，无论如何重视环境保护，都不可能真正做到经济发展与环保建设并行的和谐。虽然在理论上，环境保护与经济发展互为犄角，离开了经济发展的环境保护往往是"缘木求鱼"，离开了环境保护的经济发展是"竭泽而

---

[1] 事实上，关于环境行政上几大问题的反思研究应当有更早的历史，但由于资料的有限，此处选取的最早的文献资料截至 20 世纪 80 年代左右。

[2] 陈登明："坚持治理'三废'实现三个效益统一"，载《化工环保》1989 年第 3 期。

[3] 蔡存福："试谈我国环境影响评价若干问题"，载《环境科学丛刊》1985 年第 7 期。

[4] 彭近新："两个根本性转变形势下的环境立法与执法"，载《中国环境管理》1997 年第 4 期。

渔"，结合两者才可能真正实现可持续发展这一科学目标。[1]然而在政府具体的行政中，两者更多地表现出一种矛盾的关系，强调环境保护往往在短期内会拖慢经济发展的速度，而强调经济发展也会对自然环境造成负面的影响。如果仅仅将二者置于大致并列或稍有先后的地位，基于经济人的理性，经济发展必然会压过环境保护，所以指望在环境行政上政府舍发展求环保或者主动地重视环保只能是一个美好的幻想。其次，大气环境标准可能随着不断的修改而进步，然而它永远无法如学者们所想的那般完全符合大气环境保护的需要。在现有的大气环境行政中，大气环境标准是作为政府执法的工具而存在的，它的制定者是政府，它的制定是依权力而非客观的自然现状或规律。掌握着权力的制定机构可能尊重科学，可能按照专家与学者的建议设置环境的标准，这样"设定"的结果可能与大气环境保护的实际需要十分一致，但也有可能完全相反。仅仅作为政府的行政工具的大气环境标准，其设立基础只会是权力，而不是科学（虽然权力的运行可能合乎科学）。这样的标准或者指标只是可能与大气环境保护的需要相一致，而不是必然符合大气环境保护的需要。[2]再次，现有的《大气污染防治法》为政府设

---

〔1〕　方印："环境法认识论上的四个'风向标'"，载《河北法学》2012年第2期。

〔2〕　徐祥民："环境质量目标主义：关于环境法直接规制目标的思考"，载《中国法学》2015年第6期。

置的是环境监管的职责，政府代表法律来对个人与单位的大气环境行为进行监管与控制，政府需要负责的是自身辖区内的"个体不违法"或是保证所有违法的个体都受到惩罚。让政府真正承担起大气环境责任，即为自身的辖区内的大气环境质量负责，必须先改变《大气污染防治法》的整体设置，从而改变对政府"纯粹的监管"这一角色定位。最后，虽然现代行政中越来越强调多元治理的理论，建议公众参与行政，然而在现有的大气环境行政体制内，最终作出行政决策的只可能是政府，公众或者专家只能够提供借鉴性的意见。

综上所述，《大气污染防治法》的确在具体的大气环境行政上表现出一些问题，然而就行政问题进行讨论和解决并没有触及这些问题的核心本质。因为现有的环境行政受到我国整体行政体制的制约，这些大气环境行政的种种问题无法单纯地依靠政府环境行政的改革而改变。就行政论行政，永远改变不了政府是决策与行政者这一定位，永远改变不了政府行政的首要目标是经济发展的状况。想要真正解决这些问题，必须将目光投向《大气污染防治法》本身，依靠法律的力量来协调行政体制在政府大气环境行政中的导向与限制。

第三节　制度设置层面的反思与再思考

制度内容是《大气污染防治法》的核心组成部分，一直以来基础理论分析和制度分析都是包括与《大气污染防治法》在内的环境保护法学研究相并行的重要内容。这是因为相较于传统民法、刑法而言，《大气污染防治法》尚属于一部"年轻"的法律，不具有成熟的基础理论架构。同时，从《大气污染防治法》的立法与修订历程可以看出，它是一部直接应对特定社会需要的法，不可避免地需要直接接受制度设置与制度效果的审视。从实证层面上理解法律制度包括两种含义：一种是抽象的、超实证的法律制度，这可以被称为"一般法律制度"；一种是具有具体形态的、实证化的法律制度，这可以被称为"实证法律制度"。在民法中，所有权作为一种排他的个人财产权就是一种一般法律制度，它的形式本身并不依赖于民法的权利设置而存在，是超实证的且具有一般的必然性；而通过民法规定的方式，依据所有权、他物权内涵设立的财产制度就是一种实证法律制度。本节所指的法律制度是后一种含义的法律制度，指《大气污染防治法》中具体设置、明确规定的法律制度。虽然大气环境法律制度由《大气污染防治法》的规则所组成，但两者并不等同，法律规则是抽象的，而法律制度是有机的、"大量生机勃勃的现实"与"一般概念"的混合。[1]
因此从制度设置的层面反思《大气污染防治法》，不能过分
脱离社会现实而上升为纯概念式的思考，也不能脱离法律的
规则设置而拘泥于纯实证式的研究。

一、制度设置层面的反思

《大气污染防治法》从原初立法时仅设置"超标排污收
费"等少量制度，到最新版各种制度的百花齐放，可以说
是一部"虚心"接受各种制度建议的法。因此在评述各位
学者基于制度设置层面对《大气污染防治法》的研究时，
应尽可能地选取尚未在《大气污染防治法》中确立或者设
置有瑕疵的制度，对于较为成熟的制度，例如"三同时"
制度等不做过多赘述。孙佑海教授认为，包括《大气污染
防治法》在内的环境立法对排污许可制度缺乏清晰的定位，
制定条例缺乏明确的、一以贯之的指导思想和基本原
则。[2]虽然《大气污染防治法》与《水污染防治法》都规
定了排污许可制度，然而在排污许可制度中主体与权限配置
并不一致，《大气污染防治法》规定颁发排污许可证的主体
为地方人民政府，而《水污染防治法》规定核发排污许可

---

[1] 郑永流主编：《法哲学与法社会学论丛》（2015年卷），法律出版社
2015年版，第128页。

[2] 孙佑海："如何完善落实排污许可制度?"，载《环境保护》2014年第
14期。

证的主体为环境保护主管部门。同一性质的排污行为需要在不同主体处获得许可，这严重影响了整体排放许可制度的建立与实施。并且，《大气污染防治法》没有设置科学、有效的程序规则对排污许可制度予以保障，《行政许可法》所要求的"设定和实施行政许可，应当遵循公开、公平、公正、非歧视的原则"并没有得到充分体现，排污许可仅仅由许可主体自行决定，排污个体只能被动接受而不能有效地表达自己的情况与意愿。

高桂林教授认为，虽然新修订的《大气污染防治法》增设了重点区域建立大气污染联防联控机制这一先进的制度，然而《大气污染防治法》在联防联控制度上依然存在基本原则缺失、可实施性不强、地方利益失衡、法律责任模糊等问题。[1]首先，新修订的《大气污染防治法》以指导思想的形式代替明确的原则规定，这直接导致联防联控制度的效力低下、实施困难；其次，《大气污染防治法》对联防联控制度的设置不具有充分的可操作性，基本以宣示性内容为主，辅以一般性的框架规定，缺乏对实际目标的设定与操作方法的规制；再次，《大气污染防治法》将联防联控制度的对象想象为一视同仁的个体，没能考虑其追逐自身利益的特性，因此没有设置以利益协调为核心内容的市场化谈判机制，导致了环境行为个体对联防联控制度的抵触；最后，

---

〔1〕 高桂林、陈云俊："评析新《大气污染防治法》中的联防联控制度"，载《环境保护》2015 年第 18 期。

《大气污染防治法》缺乏对政府的责任约束机制，没有规定地方政府违反联防联控义务所应承担的具体法律责任。

常纪文教授从另一视角对大气联防联控制度进行了反思，他认为由于排放总量和经济能力不同，大气污染联防联控制度有必要借鉴国际环境法上的共同但有区别责任原则，明确各区域和行业的历史责任和现实责任，并分配各自的现实减排义务。[1]各行政区域和各行业领域都需要承担共同的大气污染防治责任，然而在具体责任的分配上，不同发展程度的区域与不同行业的大气污染防治责任应予以区分。因此，《大气污染防治法》应当在注意生态整体性和产业整体性、统筹考虑历史与现实双重责任的基础上，明确规定污染物排放总量大的行业和地区应当承担区域大气污染主要的减排责任，明确规定污染物排放总量大的行业和地区承担与其排放总量比例相适应的减排责任，并对自然排放行为应当予以正确引导。

陈健鹏教授认为，《大气污染防治法》确立了重点大气污染物总量控制制度是《大气污染防治法》在制度建设上的正确选择，但仍然需要对其进行进一步的完善。[2]总量控制制度是一种自上而下约束地方政府及各级环境监管机构进行有效环境监管的压力传导机制。在现行的大气环境行政

---

〔1〕 常纪文："大气污染区域联防联控应实行共同但有区别责任原则"，载《环境保护》2014 年第 15 期。

〔2〕 陈健鹏等："跨越峰值阶段的空气污染治理——兼论环境监管体制改革背景下的总量控制制度"，载《环境保护》2015 年第 21 期。

机制下，由于无法保证地方政府对大气环境实施有效的监管，因此以大气排污总量为地方政府设立具体的行政目标是必须且正确的政策选择。然而，现有的总量控制制度仍然存在一些问题：首先，制度对象仅限于重点大气污染物，所以尽管提升了部分污染物的防治效果，却并没有显著改善整体大气环境质量；其次，制度手段依然是单一的行政主导，导致制度在具体的实施上缺乏良好的成本收益比；再次，总量控制制度的具体操作规则与程序设置缺乏统一性，没有科学的、制度化的、多方参与的总量设定、分解机制、调节机制；最后，制度与其他环境监管工作缺乏有效衔接。

宋国君教授在总量控制制度的基础之上，提出了大气污染排放交易机制。[1]他认为，应在具体的操作机制上进行区分，大气污染物总量控制制度可以依赖基于标准的命令法规和基于市场的经济刺激两种机制得以实现。相较于垂直的排污命令控制，排污交易则更有效。这是因为排放交易机制能有效促使企业基于降低管理成本的目的主动减排甚至超量减排，从而实现大气环境资源配置的帕累托最优。他的具体设想是由政府确定区域空气污染物总量控制目标之后，环保行政部门向排放大气污染物的个体发放大气排污许可，所有排污许可的排污总量之和等于或小于初始总量控制目标。同时，建立大气污染物排放许可交易机制，以激励减排能力大

---

[1] 宋国君、何伟："论污染总量控制与排放交易在空气质量达标中的作用"，载《环境保护》2014年第14期。

的企业加大减排力度，促使边际治理成本最低的污染源自主地控制大气污染排放。

二、制度设置层面反思的再思考

制度设置是包括《大气污染防治法》在内的环境法实践自身理念、价值、原则的一种方式，是其最终实现自身目标的强有力保障，以制度手段实现最终的环境保护目标，已然成为政府与学者们的共识。《大气污染防治法》从立法之初到最新的修订，学习如何正确地设置、使用合适的制度是其发展的重要内容。在众多的大气环境保护制度中，有相当一部分的制度来源于国外先进制度的引入与借鉴，例如"排污收费制度"与"总量控制制度"等；也有一部分的制度来源于我国自己的创设，例如"生态补偿制度"等。[1]在纷繁的各类制度中，有些制度经过实践与试错，仍然存在相当的争议，例如"排污权交易制度"，[2]但绝大多数制度

---

〔1〕 尽管国外存在类似的制度如"生态服务市场制度"等，然而就生态补偿的内涵与外延看，仍然属于我国独创的一种包含更为丰富内容的复合型制度。

〔2〕 就我国目前的排污权交易试点情况来看，排污权交易仍然困难重重，典型的就是"零供给"现象。例如，在建立国内首个排污权储备交易中心的嘉兴就出现了排污权的奇货可居。据报道，实施当年就已有 60 多个新建项目因没有排污指标而搁浅。排污权有价无市，不仅政府没有指标，很多企业也不肯出让。因此许多学者认为，从发达国家引进并在全国范围内推广排污权交易制度应该慎之又慎。为了完善排污权交易仍有很多前提工作要做，而且即使建立了完善的市场经济体制和法制社会等，仍然要对排污权交易权衡利弊。参见钱水苗、周婵媖："试论排污权交易的谨慎实施"，载《法学评论》2008 年第 6 期。

经过学者的论证及法律的尝试，被证明是科学且行之有效的。本节的研究并不试图讨论某种或某些制度是否科学、合适，而是通过研究一些大气环境保护中学者着重提到的、认为是进步的、科学而有效的制度来回答这样一个问题：《大气污染防治法》不能有效地解决大气环境污染问题，其根本原因是否是它的制度设置过于落后？制度上的进步与改善是否能彻底地扭转《大气污染防治法》的无力？

对于《大气污染防治法》中的各类制度，可以依照其制度的对象区分为三大类：一是以个人和单位为对象的制度，例如"排污收费制度""排放标准制度"以及"环境影响评价制度"等，这一类制度以单位和个人为规制对象，要求其遵守相应的规则、承担相应的义务或者履行相应的承诺。这些制度是为政府的监管职责而服务的，目的是更严格、更有效地对个体的大气污染行为进行管控，可以将其统称为"个体监管制度"。二是以政府为对象的制度，例如"环境质量监测制度""污染预警制度"以及"突发事件应对制度"等，这一类制度以政府为规制对象，要求其一直或在特定时间内执行某种行为。这些制度要么是为了提供与大气环境有关的服务，例如大气环境信息的监测与公开；要么是为了应对突发性大气环境事件，总之都与政府具体的监管职责没有直接联系，或者仅仅是为政府具体的监管提供辅助，根据其要求政府执行某项具体行为的内容性质，可以称之为"政府行为制度"。三是以政府为对象的制度，但它的制度内容并不是要求政府执行某种行为，而是为政府设立一个原则或具体的目标，要求政府必须达到这一目标，例如"重点区域防控制度""总量控制制度"以及"联防联控"制度。从具体想要实现的目的上来看，这一类制度包含了"个体监管制度"中"防治个体大气环境行为"的目的；从对象上来看，这一类制度与"政府行为制度"同样以政府为制度对象。然而与前两者都截然不同的是，它为对象设立目标而不是规定行为内容，政府可以在合法的条件下自由选择与安排自身的行为与措施，最后对其的评价是以目标是否达成而非行为是否履行为标准。这一类制度的出现较前两种制度更为"年轻"，制度理念也不同，可以统称为"政府目标制度"。

"个体监管制度"遵循的是政府代表法律对个体实施监管的逻辑，无论它具体的制度内容如何改变，都逃脱不了其固有的弊端，即政府监管的目标与《大气污染防治法》的法律目标并非必然一致。《大气污染防治法》明确提出的法律目标是"保护和改善环境，防治大气污染"，也就是良好的大气环境质量，而政府监管的目标是"个体的不犯"。环境质量的好坏并不直接取决于个体是否遵守了个体环境规则。"排污收费、超标违规制度"在最理想的情况下可以让机动车按标排放尾气，使区域大气污染的污染物是所有机动车排放尾气的总和，若西藏自治区政府与上海市政府根据同样的排放标准来执行"排污收费、超标违规制度"，假设同样能做到确保所有汽车按标排放，西藏自治区和上海市的大气质量却会截然不同，因为两地的机动车辆数量存在天壤之别。所以，"个体监管制度"并不能必然实现良好的大气环境质量。

"政府行为制度"同样与《大气污染防治法》的法律目标不必然一致。既然制度的内容是精确的——要求政府执行某种行为，那么制度实施与否的评价标准是政府是否执行，然而政府任何一种具体行为的实施都不必然产生良好的大气环境质量。以"生态补偿"制度为例，制度的一部分内容是要求政府对因为环境保护而付出了发展机会成本的群体进行补偿，政府转移支付资金给补偿对象的行为就代表着制度得以实践；如果支付的资金是及时的，就可以评价制度得以良好地执行。但良好地执行，只能说明因为环境保护而付出发展机会成本的群体及时地获得了经济补助，并不代表预想中的环保激励良好地发生了。一方面，受补偿一方损失的机会成本是难以计算的，资金补偿是否科学而恰当直接决定了受补偿方是否会继续选择放弃发展而进行环境保护；另一方面，补偿一方往往也是环境利益的即得方，其是否会因为支付了资金而受到可随意挥霍环境资源的激励。但最终被支付方与支付方是否真正地履行了环境保护义务并不影响"生态补偿"制度的执行评价，实施资金补偿即意味着部分执行了"生态补偿"制度。

"政府目标制度"是为政府设置具体目标的制度，如果是直接以环境质量为目标，那么"政府目标制度"与《大气污染防治法》的目标就保持了一致。然而，制度设置的目标并不一定是依环境质量或环境承载力而设置的。梳理《大气污染防治法》的"政府目标制度"，可将其区分为"依权力设置的目标""依自然设置的目标"和"依其他标准设置的目标"三种。在这三种"目标"中，以第一种和第三种目标为内容的制度都不能必然带来良好的大气环境质量。例如如果依照权力或者经济发展标准为"总量控制制度"与"联防联控制度"设置具体的制度目标，那么制度实施的最终结果就有可能与《大气污染防治法》的法律目标相去甚远。

由此可见，"个体监管制度"与"政府行为制度"以及"依权力设置的目标"和"依其他标准设置的目标"的"政府目标制度"与大的法律目标都不必然相一致，只有"依自然设置目标"的"政府目标制度"才能最终产生良好的大气环境质量结果。如果就制度论制度，简单地将制度设置作为《大气污染防治法》无力的根本原因，则并没有挖掘到问题的本质。只有通过"依其他标准设置目标"的"政府目标制度"这一启迪，反思《大气污染防治法》整体法律思路的弊端，转而以环境质量目标作为《大气污染防治法》整体改革的思路，才能真正解决《大气污染防治法》无法彻底、有效地防治大气污染这一难题。

第四节　真正的原因：不法惩罚规制目标

通过综述各位学者对《大气污染防治法》的反思，可以得出一个阶段性的结论：《大气污染防治法》在科学技术、政府行政以及制度设置上都存在一些问题。然而，这个阶段性的结论并不足以真正回答：为何《大气污染防治法》无法有效、彻底地防治大气污染。经过后续对这些反思的再思考，可以发现导致《大气污染防治法》无力的并不仅仅是这些原因的简单叠加，单就这些原因而提出的解决方案并不能真正解决《大气污染防治法》无力的问题。在这些原因的背后，还存在着更深层次、更为本源的原因。本节研究的内容就是循着对这些原因反思的再思考，深入挖掘潜藏在各种原因背后的真正原因，为下一章的解决思路提供一个逻辑起点。

一、各类反思的最终指向：规制目标

通过对科学技术原因的反思及再思考，发现《大气污染防治法》对大气环境生态的认知出现了偏差。《大气污染防治法》根据不同的污染物与污染源，将大气环境生态分割为不同的组成部分，虽然大气污染的防治需要深入每一具体的领域，然而作为统领整个大气污染防治活动的法律，

《大气污染防治法》必须首先具有一个完整的生态观，并且在具体的法律设置中贯彻这个完整的生态观。可惜的是，现有的《大气污染防治法》仍然只关注于每一个具体的大气污染防治分支领域。新实施的《大气污染防治法》除去总则7条、附则2条，剩余的120条中，第四章"大气污染防治措施"中有54条规定为个人和单位在"燃煤和其他能源污染防治""工业污染防治""机动车船等污染防治""扬尘污染防治"等具体污染领域的义务，第七章"法律责任"中除去第126条外，剩余29条为个人和单位在违反上述义务后必须接受的惩罚，两者共计83条，皆属于个体在不同大气污染领域的规则与罚则，篇幅占《大气污染防治法》的2/3以上。在剩余的1/3内容中，第六章"重污染天气应对"的5条为特殊时期的大气污染应急机制的规定，并不属于常规大气污染防治活动。只有第二章"大气污染防治标准和限期达标规划"中的10条有关"大气环境整体规划与相应标准的设置"以及第三章"大气污染防治的监督管理"中的第21条、第22条有关"总量控制制度"，第23条有关"大气环境监测"，加上第五章"重点区域大气污染联合防治"中的7条有关"大气环境联防联治"能比较鲜明地体现出《大气污染防治法》是在整体大气生态环境观下对法律条款进行的设置，并且几乎都是这次《大气污染防治法》修订后新增加、补充或完善的内容。

通过对政府行政原因的反思与再思考，可以得出政府大气环境行政上存在的种种问题是不可能仅仅通过行政领域的完善与发展得以解决的，必须由《大气污染防治法》来发挥作用，协调行政领域错误的意识倾向，约束不必要的权力滥用，监督合理的职责承担。然而，《大气污染防治法》并没有很好地定位自身合理的角色、发挥自身应有的作用。新《大气污染防治法》虽然在总则中的第3条规定"地方各级人民政府应当对本行政区域的大气环境质量负责"，却并没有在随后的条款设置中完整、彻底地贯彻这一原则。第三章"大气污染防治的监督管理"中第18条、第19条、第20条、第29条、第30条赋予了政府监管、许可与限制单位大气排污的权力，第四章"大气污染防治措施"共计54条详细规定了政府在不同大气污染领域对个人与单位进行大气环境执法的权力，第七章"法律责任"除去第126条是规定政府行政人员违规行政后必须接受的惩罚，第125条、第127条规定了相应的民事与刑事责任，剩余29条为赋予政府对违规个人与单位处以罚款、停工等处罚的权力。只有第二章"大气污染防治标准和限期达标规划"、第三章"大气污染防治的监督管理"中的一些条款，以及第五章"重点区域大气污染联合防治"要求政府承担起"大气环境整体监测与规划""总量控制"以及"大气环境联防联治"等职责。但针对这些职责的具体考核与奖惩，仅有总则中第4条进行了原则性的"国务院考核"规定，第二章"大气污染防治标准和限期达标规划"中第14条设立"限期达标"规定，第三章"大气污染防治的监督管理"中第 22 条规定"负责人约谈"惩罚，第七章"法律责任"中第 125 条针对"滥用职权、玩忽职守、徇私舞弊、弄虚作假"的惩罚。也就是说，《大气污染防治法》以赋予政府行政权力为主，没有对行政权力的合理约束。对政府的行政内容依然以个体大气环境行为监管为主，对政府真正需要履行的、直接以大气环境质量为内容的行政职责仅有部分制度性的规定，也没有对政府未能实现这些大气环境行政职责后需要受到的惩罚作出足够威慑的规定。

通过对制度设置的反思以及再思考，可以得出两种结果：一是强化论证了《大气污染防治法》将法律设置的重心放在政府监管责任之上，即便论述制度工具如何完善、如何先进都不能迫使政府以大气环境质量为第一目标；二是对《大气污染防治法》以具体行为为政府设立环境责任的内容，虽然能从一定程度上为大气污染防治活动提供帮助，却也不能真正与《大气污染防治法》的最终目标——良好的大气环境质量挂钩。同时，它也为我们提供了一个启迪性的思路：如果《大气污染防治法》以目标为内容设置制度，并且设立目标的标准是自然的标准，也就是以大气环境质量目标为内容设置制度，就能有效地要求政府真正地为大气环境质量负责，从而实现《大气污染防治法》最终的立法目标。

综合三种反思以及再思考，问题的焦点集中于《大气污染防治法》中的第四章"大气污染防治措施"、第七章"法律责任"以及其他章节中的部分条款。但这并不是简单的条款设置问题，因为这两章的内容完整地体现了《大气污染防治法》的规制目标：将大气污染问题分割成每个环境个体的大气环境行为控制问题，赋予政府权力对个体的不法行为进行监管与惩处。从条款数量上来说，这两章的内容占据了整个《大气污染防治法》接近 2/3 的版面，从历史考据上来说，这两章内容伴随着《大气污染防治法》立法之初始，并几乎是新修订前《大气污染防治法》全部的内容。因此，将这两章理解为《大气污染防治法》的主体内容是合适的，根据这些主体内容推导出的《大气污染防治法》规制目标也应当是准确的。《大气污染防治法》规制目标其实是环境法规制目标的承继，2014 年修订通过的《环境保护法》的"规则"部分共 5 章，即从第一章到第五章，"罚则"部分名为"法律责任"，为第六章。1989 年的《环境保护法》的"规则"部分共 4 章，即从第一章到第四章，"罚则"部分也称"法律责任"，为第五章。其他较为常用的单行环境法都是这样构成的，所不同的仅在于"规则"部分的章节条款数和"罚则"部分的名称等。由此可见，《大气污染防治法》与环境法的规制目标是一致的，都是以规制个体的行为为目标的不法惩罚模式。

二、错误的规制目标：不法惩罚

《大气污染防治法》与环境法的不法惩罚模式是我国规制目标的一种传统。在法律的传统观念里，个体行为是法律必须关注的对象。在大部分法律体系中，不法惩罚是一个稳定的三棱体结构。作为法律体系中的关键之棱——执法者，它承担着承上启下的作用：一方面执法者承继立法者的意志，将意志转化为具体的实践；另一方面执法者控制与引导义务人的行为，确保义务人按照立法者的意志来行为，从而保证义务人个体依法而行并最终汇聚成总的合法结果。然而对于大气污染防治乃至环境保护来说，不法惩罚这一规制目标却使执法者这一关键之棱出现了偏折，立法者的最终意图是保证高质量的环境品质，现在却将这个意图分拆为每一个义务人都按照某些个体标准负担义务，这样执法者从立法者这里承继的，或者说是需要负责的是每个人义务的守法而非环境品质本身。无论义务人选择履行义务还是选择接受惩罚，执法者都可以完成对立法者的负责。此时，对于义务人来说，往往存在着"守法成本高于违法成本"的问题，义务人宁可选择违法接受惩罚也不愿意付出成本守法；[1]对于执法者来说，由于一方面只需要对义务人守法或者违法接

---

〔1〕 孙佑海："健全完善生态环境损害责任追究制度的实现路径"，载《环境保护》2014 年第 7 期。

受惩罚负责，另一方面义务人违法能给执法者带来罚款利益，并且执法者还需要对经济发展负责，因此它就会倾向于放任义务人违法。最终义务人与执法者"皆大欢喜"，受损的只有环境本身。

更为重要的是，即使不法惩罚这一规制目标得到完美执行，所有义务人都选择付出成本守法，依然不一定能实现高质量的环境品质这一结果。因为对于大气污染乃至环境保护来说，所有义务人的合法行为集合不等于最终合理的法律结果。即使所有工厂与机动车辆都按照国家标准进行大气污染物的排放，农业、养殖业对生产排污进行科学处理，个人不实施任何违法行为，排污权市场得到充分运转，依然不能绝对保证地区或者全国的大气质量达到一类或者二类标准。以机动车为例，也许在一定区域内，100辆按照"欧标Ⅲ"进行尾气排放的机动车可以保证地区大气达到二类标准，然而200辆、300辆机动车即使仍然按照"欧标Ⅲ"进行尾气排放，却只会使地区大气变成三、四类标准甚至更低。在可预见的未来，中国经济仍将高速发展，人口、生产单位与机动车数量仍将大幅增加，个人物质消费水平也将不断提高，仅仅指望依靠行为个体的守法来保证大气质量是不切实际的，作为最高立法者也很难根据每个地区的客观情况制定出既合理又一视同仁的个体守法标准。所以，不法惩罚这一规制目标在《大气污染防治法》乃至环境法中都是行不通的。

并且，大气污染防治作为环境保护的一个分支领域，还有其特殊的社会属性与自然特性。作为人类发展与生存的代价，大气污染是工业革命后的必然产物。无论是个人的日常生活与享受，还是工业的发展与繁荣，都会产生大量的废气排放。根据原环保部与科技部最新编纂的《大气污染防治先进技术汇编》显示，虽然在生产与生活环境上以进行技术处理实现但都无法从根本上杜绝大气污染物的排放，并且耗资不菲。[1]而现有技术虽然可以对大气污染浓度等质量情况进行检测，但是缺乏有效而持续的大气污染治理技术。由此可见，现阶段的大气污染具有必然性，主要手段是产生阶段的"防"而非产生后的"治"。这对于大气污染物排放行为来说，排放行为本身一般是合法的，非法的只是超标排放或者违规排放。这与一般违法行为只要实施即违法有相当的区别，对于义务人来说，让他精准把握非法与合法的尺度是困难的，同时执法者或者义务人主观上故意混淆非法与合法的行为留下了空间。在这样的客观情况下，立法者采用不法惩罚规制目标来规制义务人就变得困难重重。此外，大气污染防治不同于噪声污染这一类的污染防治，噪声污染控制住每一个污染源的污染水平，即在总体上控制住了区域污染水平。而区域大气污染程度不仅取决于个体污染水平，也取决于污染源数量；其次，大气污染还受到客观区域地理情况

---

〔1〕 以燃煤电厂湿式静电除尘技术为例，采用该技术后，理想状态下 PM 2.5捕捉率大于 60%，颗粒物排放浓度小于 10 毫克/立方米，酸雾去除率达到 80%，300MW 机组一次性设备投资约 2000 万。

的影响，平原还是盆地，空气湿度不同，狂风、微风还是无风都严重影响区域大气质量水平；再次，区域与区域之间的大气互相影响程度极高，例如，北京的雾霾天气除了自身大气污染物排放导致，还受河北省重工业污染的影响。[1]几乎不存在一类空气质量区域与三类以上空气质量区域相邻的情况。所以，每个区域的大气污染都具有不同的客观情况，相应的大气污染防治手段与标准也应当差异明显，一视同仁的不法惩罚标准肯定是不科学的，而指望最高立法者根据每个区域的客观情况量体裁衣地制定细则与标准也是不现实的，立法者能评估与掌控的只能是最终的区域大气环境质量。

---

[1]　张小曳等："我国雾–霾成因及其治理的思考"，载《科学通报》2013年第13期。

第三章
《大气污染防治法》规制
目标的重设与修正

　　《大气污染防治法》的根本问题在于它的规制目标存在着根本性的错误，在不法惩罚规制目标下设置的《大气污染防治法》将法律规制的目标设定为个人与单位，将法律调整的直接对象局限于个体的大气环境行为，将政府定位为代表法律对个体实施监管的监管者，使《大气污染防治法》在法律条款、制度设置、责任分配上，都与《大气污染防治法》的法律目标——良好的大气环境质量产生了偏差，从而在具体实施中导致了纷繁复杂的问题。所以解决《大气污染防治法》无法真正有效地防治大气污染问题的关键在于从《大气污染防治法》本身着手，以一种真正契合《大气污染防治法》法律目标的规制目标替换原有的不法惩罚规制目标。新的规制目标需要以大气环境整体生态观作为指导，以政府切实地为大气环境承担责任为重要内容，以将所有大气环境行为总量之和控制在大气的自然极限内为主要目的，从而最终实现个体、政府、法律之间的良性互动，真正有效地防治大气环境污染，改善并维持大气环境的整体质量。本章的研究内容在于提出环境质量目标这一解决问题的路径并加以验证。包括《大气污染防治法》在内的环境保护类法律中，存在法律、政府、个体三位一体的法律关系。法律完善自身的目的在于更好地处理与政府、个体两者的关系，引导环境个体实施克制的环境行为，迫使政府承担正确的环境责任，从而最终解决环境问题。如果环境质量目标这一规制目标能做到这两点，就说明它是更适合于包括《大气污染防治法》在内的环境保护类法律，可以最终实现这些法律的法律目标。

第一节　正确的规制目标：环境质量目标

不法惩罚的失败教训要求《大气污染防治法》必须将规制目标的焦点从个体的行为转向总行为结果的控制，《大气污染防治法》的新规制目标必须建立在总行为控制的基础之上，确保政府与个体之间不存有"权力寻租"的空间，迫使政府为《大气污染防治法》设置的具体目标而承担责任。通过总结已有的总量控制制度的经验与教训，可以得知只有以自然限度为衡量标准的总量控制，才能确保最终的行为总量结果与大气本身的自然承载力相适应，才是最符合整体大气环境生态观的规制目标。而在现有的自然限度指标中，存在个体环境指标与整体环境质量标准两种，前者在现有《大气污染防治法》实践中更为普遍，但仅仅是作为政府对个体实施行为监管的工具，新《大气污染防治法》应当改变政府"执法者"这一单纯角色，以整体环境质量标准为政府设置具体的大气环境质量目标，从而确保政府最终承担环境目标责任。也就是说，只有以环境质量目标作为规制目标，才与《大气污染防治法》最终的法律目标——良好的大气环境质量保持一致。

一、新规制目标的基础：总行为控制

从《大气污染防治法》的制度反思以及再思考中，可以发现总行为控制的逻辑完全不同于不法惩罚。总行为控制并不是按"设定行为规则—惩罚违反者"这一逻辑展开的，而是按照"设定行为总量—实现控制目标"这一逻辑进行的。总行为控制一般分为两个步骤：第一步，确定环境行为的总量指标；第二步，从总量指标中向各行为个体分配环境行为指标。这种模式的核心在于无论个体的数量、环境行为的方式、环境行为的聚集或者分散，只需要确保所有个体的环境行为之和低于最初设置的环境行为总量指标，就完成了这一模式想要实现的目的。如果说不法惩罚是通过义务人遵守规则来达到某种特定的环境保护目的，那么总行为控制就是直接通过设立总量指标，确保个体行为之和必须低于这一总量指标来实现特定的环境保护目的。简言之，不法惩罚关

注的是个体行为，总行为控制关注的是行为之总和，不法惩
罚的实施方式是规制个体，而总行为控制的实施方式是设立
目标。虽然总行为控制的最终结果仍然需要通过控制个体的
行为来得以实现，但在对个体的行为控制逻辑上，总行为控
制与不法惩罚的不同之处在于：控制个体行为的任务并不是
由法律来加以规定与承担，而是将其交与承担目标责任的对
象（政府）；控制行为的内容是行为之总和，而非具体的个
体行为。

　　相较于不法惩罚，总行为控制具备革命性的优势：第
一，立法者可以更精确地预测法律的实施结果，并且可以清
晰地将这种预测告知法律的对象（政府与个体）。以总行为
控制作为《大气污染防治法》的规制目标，是通过控制所
有大气环境行为的结果来达到大气环境保护的目的，只要立
法者预测并试图实施的结果有利于大气环境保护，就一定能
对大气环境保护产生有利的结果；总行为目标任务的承担者
在清楚地获悉自己所担负的目标责任之后，可以有的放矢地
以此来执行自身的个体行为控制任务，同时也可以明确地了
解法律可能给予自身责任履行的评价与奖惩。

　　第二，能够充分调动政府的执法积极性。总行为控制与
不法惩罚一样，同样是法律（立法者）、政府（执法者）、
个人与单位（行为个体）三者构成的博弈，然而总行为控
制中的政府不仅仅是单纯代表法律对个人与单位实施行为监
管的监管者，还是法律设置的行为总量目标的实践者和目标

责任的承担者，事实上政府已经由执法者、监管者的角色转变为法律义务的直接承担者，实现环境质量目标成为政府必须全面履行的义务。《大气污染防治法》以行为总量目标作为政府的责任内容，迫使政府以行为总量作为自身执法的目标，而不是简单地确保违法的个人与单位受到相应的处罚；同时政府能够有更大的自由与空间为实现这个大气环境行为总量的目标规划制度与操作调控，因为法律不再强制要求政府必须以惩罚的方式对个人与单位进行行为管理，政府可以凭借市场手段、文化手段等各种综合机制来确保个人与单位遵守行为规则，最终控制大气环境行为总量在法律预设的目标之内。

第三，行为人没有选择违法的"交易机会"。不法惩罚的《大气污染防治法》在执法实践中，大气环境行为个体可以选择守法（按照《大气污染防治法》为个体设置的规则进行大气环境行为），也可以选择违法但接受惩罚（例如违规进行大气污染物排放但接受环保局的行政处罚），甚至会主动选择违法（因为《大气污染防治法》对个体设置的罚则上限可能远远低于个体违法带来的收益）从而以惩罚换取收益。在总行为控制下的《大气污染防治法》的执法实践中，大气环境行为个体没有"交易机会"，因为执法者必须确保自身区域内的个体大气环境行为的总量低于《大气污染防治法》预设的目标，就不会同意个体以接受惩罚代替守法。

从总行为控制与不法惩罚之间的比较可以发现，总行为控制有效地解决了不法惩罚的许多弊端，改变了政府单纯执法者的地位，从而革新了法律、政府、个体三者之间的博弈关系，相较于不法惩罚更为契合《大气污染防治法》最终想要实现的法律目标，因此《大气污染防治法》的新规制目标应当是建立在总行为控制之上的规制目标。

二、总行为控制的标准：自然限度

总行为控制相较于不法惩罚有着革命性的优点，但并不是所有的总行为控制都必然符合《大气污染防治法》的法律目标。从上文对现有《大气污染防治法》中总行为控制制度的研究可以得知，"依权力设置的目标"和"依其他标准设置的目标"设置的总行为控制制度虽然可以赋予政府以目标责任，最终实现立法者预想的目标，但实现的目标有可能并不是符合大气生态环境现状与规律的目标。2018年《大气污染防治法》第21条第2款规定："重点大气污染物排放总量控制目标，由国务院生态环境主管部门在征求国务院有关部门和各省、自治区、直辖市人民政府意见后，会同国务院经济综合主管部门报国务院批准并下达实施。"这是典型的依权力设置总量控制目标的总行为控制制度，将设置目标的标准划定为国务院生态环境部门与经济综合主管部门的权力，设置程序中还需要考虑地方政府的意见，最终设置出来的大气总量控制目标恐怕无法真正符合大气环境保护的最终需要。地方政府的首要目标必然是追求经济的高速发展，因此可能会提供与当地大气环境保护相违背的意见；国务院经济综合主管部门的首要任务是提升我国整体的经济发展增速和协调各地经济发展的平衡，如果再赋予它与国务院环境保护部门一样的设置大气环境保护总量控制目标的权力，只会重新让经济发展的欲望掣肘大气环境保护的需求，最终使大气总量控制制度的实施效果与《大气污染防治法》最终的法律目标相去甚远。

我国在"九五"期间对大气污染最主要的 12 种污染物（烟尘、工业粉尘、二氧化硫、氰化物、石油类、化学需氧量、砷、汞、铅、镉、六价铬、工业固体废物）实行总量控制制度，也就是对造成大气污染的总行为进行控制；"十五"期间对二氧化硫、烟尘、工业粉尘、化学需氧量、氨氮、工业固体废物等 6 种主要污染物实行排放总量控制计划管理；"十一五"期间总量控制指标则调整为化学需氧量和二氧化硫 2 种主要污染物。国务院《关于落实科学发展观加强环境保护的决定》（国发 39 号文［2005］）第 21 条中明确"要实施污染物总量控制制度，将总量控制指标逐级分解到地方各级人民政府并落实到排污单位"；2006 年 5 月和 7 月，受国务院委托，原国家环保总局与"六大电力集团"及各省签订了主要污染物总量削减目标责任书；国务院《关于"十一五"期间全国主要污染物排放总量控制计划的批复》（国函 70 号文［2006］）计划"到 2010 年，全

国主要污染物排放总量比 2005 年减少 10%"，并要求将之
作为《国民经济和社会发展第十一个五年规划纲要》确定
的约束性指标。[1]由此可见，在我国大气环境保护中，已
经积极尝试了以总量控制制度对大气污染防治进行控制的
方法。

　我国大气环境保护虽然设置了污染行为总量控制制度，
但却将控制指标的设置标准确定为依照权力进行设定，从而
导致大气污染总量控制制度在实际操作中产生了各种各样的
问题。首先，总量控制的指标并不完全符合区域的实际污染
情况与工业发展水平。国函 70 号文［2006］明确规定了
2010 年 31 个省（包括直辖市或者自治区）对二氧化硫排放
行为的控制目标，削减 10% 以后的全国二氧化硫排放行为
的总量控制目标为 2294.4 万吨，实际分配给各省总计
2246.7 万吨，剩余 47.7 万吨计划用于二氧化硫排污权有偿
分配和排污权交易试点工作。其中对宁夏、贵州等地区的二
氧化硫排污行为也按照 10% 左右的比例进行削减，事实上
这些地区的第二产业 GDP 一直处于较低的水平，且发展趋
势连年下降，因此本身大气环境质量就处于相对较高的水
平，并没有必要也按照 10% 的比例进行削减；相反，北京、
广东等地的第二产业 GDP 一直处于较高水平，也没有明显
下降的趋势，本身的大气环境质量情况也比较恶劣，10% 的

―――――――――

〔1〕 王圣等："我国'十一五'大气环境总量控制制度分析及优化建议"，
载《中国人口·资源与环境》2010 年第 S2 期。

削减比例并不足以有效地制止这些区域内的第二产业对大气环境的严重污染。其次，总量控制的内容没能真正与大气环境质量相结合。根据全国环境统计年鉴显示，2004 年至 2006 年国内 27 个省会城市、4 个直辖市内的可吸入颗粒物（PM10）作为空气首要污染物出现的比率最高，占其中的 75.03%，其中南北方城市分别是 66.64% 和 83.97%；而二氧化硫作为空气首要污染物的城市只有 6.76%，南北方城市分别为 7.28% 和 6.19%。该数据说明在我国主要城市中，可吸入颗粒物（PM10）已取代二氧化硫成为首要污染物，重大的大气环境污染一般是以其为主要污染物的，但现有的大气污染行为总量控制制度依然以二氧化硫的排放行为控制为主要内容，从而导致制度本身的内容、指标与现有的大气环境污染情况出现了偏差。最后，总量控制的对象单一，不适应大气污染的复合主体现状。"十一五"规划对大气污染物总量控制的主要内容是二氧化硫，经国务院授权，原国家环保总局除了规定 31 个省（直辖市或自治区）2010 年二氧化硫总量控制目标之外，还与我国主要电力集团签署了排污控制协定。从二氧化硫的排放主体上看，煤电产业确实占据二氧化硫排放的大头，但是，国家也早已针对煤电产业相应地设立了一系列的行业标准与控制制度，我国现有的煤电行业大多已经完成了脱硫、脱硝的配套设置。"十一五"计划实施末期，许多重工业区内的煤电行业已不再是二氧化硫排放最多的行业，反而是化工行业、钢铁行业的二氧化硫排放开始超过电力行业。但单一的总量控制对象设置导致化工行业、钢铁行业、水泥行业等没有二氧化硫及氮氧化物治理指导的政策、规章与配套措施，直接影响了大气总量控制制度的实施效果。

通过对大气总量控制制度的实施结果的考察，可以发现依照权力为总行为控制制度设置控制指标，导致设置后的指标与实际的大气环境保护需求产生了偏差，在制度的具体实践中产生了种种的弊端。产生弊端的最主要原因是"依权力"这一标准，只有改变这一标准，才能在总量控制制度的基础上构建合理的总行为控制。正确的设置标准应当是依照自然的限度进行控制目标的设置。例如《防沙治沙法》第 18 条第 2 款规定了"载畜量控制制度"这一畜量总行为控制制度，而设置载畜控制总量目标的依据是"产草量"，这里的"产草量"就是草原的生态承载力（自然限度）；还有如《渔业法》以"渔业资源增长量"为依据确定"捕捞限额"的制度规定，其中的"渔业资源增长量"是渔业资源在自然状态下可以正常增长的数量，是水生态自我循环更新的极限（水环境的自然限度）；再如《森林法》将采伐行为总量控制制度的目标（年采伐量）设置标准制定为依照森林内林木的"生长量"，也是以森林的自然限度为设置标准的。只有这一类"依自然限度设置标准"的总行为控制制度，才可能真正实现包括《大气污染防治法》在内的环境保护法的法律目标。

三、最终的解决方案：环境质量目标

自然的限度是整体或某一类区域生态环境的承载力，是不以的人意志为转移的客观存在。人类认知自然的限度并将这种认知转化为可以与环境保护法律相衔接的存在，需要依靠科学技术制定相应的环境标准。我国环境法中现有的两种标准制度分别是为个体行为设定的标准与环境质量标准。其中占据主导地位的是个体行为标准，包括污染物排放标准：《环境保护法》第16条授权国务院生态环境主管部门根据国家经济、技术条件等制定国家污染物排放标准，授权省、自治区、直辖市人民政府对国家污染物排放标准中未作规定的项目制定地方污染物排放标准；《渔业法》第30条规定渔民禁止使用小于最小网目尺寸的网具进行捕捞，"最小网目尺寸"就是对渔民捕鱼行为的标准；《森林法》第31条要求采伐森林和林木应当根据不同情况，分别采取择伐、皆伐和渐伐方式，"分别采取择伐、皆伐和渐伐方式"就是为采伐者设立的采伐行为标准；《野生动物保护法》第20条规定禁止使用的猎捕工具和方法，其中的"禁止使用的猎捕工具和方法"就是以排除形式规定的猎人捕猎行为标准；《水土保持法》第20条规定禁止在二十五度以上陡坡地开垦种植农作物，"二十五度以上陡坡地"就是关于陡坡地开垦行为的标准。这些行为标准虽然能一定程度地反映环境生态承载力对个体环境行为的要求，却并不能直接反映出具体

的客观环境状况。在包括《大气污染防治法》在内的环境法的实践中，个体行为标准是不法惩罚得以实施的工具基础，代表法律的执法者（政府）以个体行为标准为准绳，监管并惩罚个体对象（个人与单位）从而确保其"不犯"或"被追责"。但更应该在环境保护中起到重要作用的政府本身，却不受个体行为标准的制约，法律也无法以个体行为标准来约束政府，因为通常情况下政府并不是直接的具体环境行为的实施者，只是通过其行政功能来影响区域内的整体环境行为结果。

只有以环境质量标准作为总行为控制的标准，才是真正"依自然的控制指标"。"自然"就是自然的限度，是依照人和自然持续和谐这一标准衡量出的某环境因子对人类环境行为的生态承载力，这样的法律规制目标可以称之为"环境质量目标"。以"环境质量目标"模式设置《大气污染防治法》的规制目标，就是按照大气生态对不同污染的可容纳度，在科学的大气质量指标评测下进行法律调控。法律关注的是全局或者区域的大气质量目标，而不是个体是否按照规则进行大气污染排放。"依自然的控制指标"之所以必然产生符合人与自然和谐要求的环保成果，是因为它是在立法者规定的环境质量标准许可范围内选择的控制指标。环境质量目标下的《大气污染防治法》是立法者通过对大气生态承载力的科学认知，以立法实践的方式将"大气环境的限度"法律化。它对大气环境管理者和行为者提出的要求是，不允许因为生产或者生活排放的大气污染物超过人类健康与生活可以接受的范围。大气污染物存量低于大气生态承载力、排放低于人类健康可接受度是《大气污染防治法》规定的环境质量目标，生态环境部门或其他负责执法的部门只能在不影响实现这种质量目标的前提下设定、规划与应对所有与大气污染有关的生产、生活、环保等行为。以环境质量目标设置《大气污染防治法》，意味着《大气污染防治法》的规制目标与其立法目标完美地达成一致。大气环境质量标准既是衡量大气环境水平的标准，也是执法部门必须达到的大气环境行政目标。例如，选择"PM2.5 值低于 50"这一大气环境质量标准作为《大气污染防治法》的规制目标，就是给大气环境保护工作确定了"保证大气中的 PM2.5 低于 50"这一目标。执法部门完成了《大气污染防治法》给予的任务，实现了法律的直接规制目标时，产生的结果就是所在城市或地区的大气质量在 PM2.5 这一方面达到了优秀。无论执法部门如何具体的调控辖区内的个体环境行为，都不会存在以"惩罚不法"代替"避免不法"的情况，行政结果都是客观、真实、优良的大气环境品质。以环境质量目标设置《大气污染防治法》，意味着《大气污染防治法》是一部关注整体的法。它的重心与目标将不再是个体的行为而是整体的大气环境质量。前文所述，个体的大气环境行为一般都会给大气环境生态带来压力，指望立法者为每个个体都规定恰到好处的制衡准则是不现实的。所以，不管是为了以制度形式合理调控普遍有害又普遍正当的公众大气环境行为，还是为了实现大气生态和谐的法律最终目标，大气环境保护都必须实施"集体行动"。而现行法律形式设计的"规则+罚则"抑或是"权利+救济"都不可能完成这一"集体行动"的组织任务，而只能依靠法律的强制力，以环境目标决定行为内容方式完成。即以整体的大气环境质量目标来进行法律规制，再通过执法者将目标内容分散落实到个体行为中，才能保障每个个体的环境行为最终产生理想的整体结果。

《大气污染防治法》以环境质量目标为规制目标能有效地解决不法惩罚规制目标的几大弊端。首先，环境质量目标是直接以大气环境质量为目标，完美契合人与自然和谐的生态文明目标。在大气污染严重的当下，《大气污染防治法》要做的不是在大气环境良好条件下的"未雨绸缪"，而是在大气环境遭受严重破坏以后必须实施的救治。大气环境保护需要在同一个目标（良好的大气品质）下，不断地调整具体的子目标（例如煤炭污染防治还是机动车污染防治），并付诸以长久、持续的努力。环境质量目标意味着在大气环境质量目标指导下实施大气环境行为总量的控制与管理，避免了经济发展或者其他社会发展对大气环境保护的掣肘，使《大气污染防治法》能集中所有的资源与行动力来为"大气环境保护"这一唯一的法律目标服务。其次，环境质量目标明确了执法者的责任，消灭了义务人与执法者"交易"的空间。不法惩罚确立的法律目标既可以是"良好的大气品质"，也可以是"惩罚所有大气环境违法行为"，导致的直接后果就是执法者与义务人不会将行为统一到大气环境保护这一立法者意志之上，执法者有机会并倾向于与义务人进行"交易"。环境质量目标的确立，树立了《大气污染防治法》唯一的规制目标——良好的大气环境品质，违法的大气环境行为是否得到惩罚是实现这一目标的程序，而不再是与之并列的目标。执法者，例如地方政府必须对这唯一的目标负责。在不法惩罚中，政府仅仅是执法者的角色，而在环境质量目标中，政府兼顾执法者与责任者的角色，需要直接为大气环境目标负责，从而迫使政府引导与调控义务人切实地为实现"大气环境保护"这一目标而努力，而不是让行为个体承担因不遵循行为规范或不执行执法者的命令而被追究的法律责任。最后，环境质量目标是科学而有区别的规制目标，不是一刀切、武断的规制目标。它在统一的大气环境质量目标下，合理地设置与分配不同的责任人来为这一目标负责，并给予责任人更大的空间来制定针对义务人的实施细则。环境质量目标下的《大气污染防治法》一方面要求树立科学的大气质量目标，将法律这一社会工具交给科学来检验；另一方面又为大气环境目标安排"责任者"，而不是只借用国家已有的政治安排。例如，它可以安排多地政府联合为区域内的大气环境质量负责，同时给予不同的地区政府以权力设置符合当地地理、社会、经济条件的大气环保机制，从而更符合大气污染区域与区域间互相影响又各有客观情况的特点。所以，环境质量目标可以科学地分配权力与责任，科学地贯彻法律的影响，科学地引导与规制个体的行为，最终再交予科学进行检验。

环境质量目标并不是一个单纯的理论推演的结论，它在我国环境保护法律甚至《大气污染防治法》中都有实践的先例。例如《大气污染防治法》第 21 条第 1 款"国家对重点大气污染物排放实行总量控制"就是一条类似于"环境质量目标"的实践，然而问题在于"重点大气污染物排放总量控制目标，由国务院环境保护主管部门在征求国务院有关部门和各省、自治区、直辖市人民政府意见后，会同国务院经济综合主管部门报国务院批准并下达实施"这一规定说明，总量控制目标并不完全依据"良好的大气品质"这一标准进行制定，而是要考虑各地区的要求（包括经济发展的需求），最后国务院依"权力"进行制定。这样的总量控制未必会产生良好的大气环境防治结果。相反，《大气污染防治法》第 14 条规定："未达到国家大气环境质量标准城市的人民政府应当及时编制大气环境质量限期达标规划，采取措施，按照国务院或者省级人民政府规定的期限达到大气环境质量标准。"这就是一条典型的"环境质量目标"的法律规定，是直接要求执法者（政府）为自己辖区内的大气环境质量负责的法律规定。再比如《大气污染防治法》（2000 年）第 17 条第 3 款规定："未达到大气环境质量标准的大气污染防治重点城市，应当按照国务院或者国务院环境保护行政主管部门规定的期限，达到大气环境质量标准。该城市人民政府应当制定限期达标规划，并可以根据国务院的授权或者规定，采取更加严格的措施，按期实现达标规划。"如果把达到"大气环境质量标准"确定为大气污染防治重点城市的环境质量目标，那么，相关城市按照"国务院环境保护行政主管部门规定的期限"达到相关目标，就是要求相关城市的政府直接对"大气环境质量标准"这一目标负责。只要所设计的"大气环境质量标准"是科学的，一旦该法条得到充分的贯彻与执行，就会实现相关城市在大气污染防治领域里的既定目标，那么该区域在大气领域的人与自然和谐也就实现了。而修订后的《大气污染防治法》将这一条规定细化为两部分：第一部分是第14条："未达到国家大气环境质量标准城市的人民政府应当及时编制大气环境质量限期达标规划，采取措施，按照国务院或者省级人民政府规定的期限达到大气环境质量标准。"第二部分是第五章"重点区域大气污染联合防治"，将"重点区域大气防治"与"联合防治"做了结合，规定区域地方政府共同但有区别的责任，将原本的第17条具体化，多方面切实保障重点区域内"大气环境质量标准"这一目标的达成。由此可见，《大气污染防治法》已有环境质量目标的实践，下一步应当是将这一模式贯彻至整部《大气污染防治法》，将环境质量目标作为《大气污染防治法》的规制目标。

第二节 政府承担环保责任的优势

环境保护类法律解决环境问题，表现为法律与行为个体之间的调控关系。但这并不意味着环境保护法律关系中只有法律与行为个体两个角色。在以往的环境法实践中，政府作为法律的直接执行者，承担着遵循法律制定的规则与罚则对行为个体的环境行为进行调控与惩罚的重任。环境保护类法律到底实施效果如何往往与政府是否称职地行使了法律赋予它的责任有关，从法律、政府、个体三者的角色来看，三者缺一不可。虽然政府并不是直接的环境行为实施者，[1]但越来越多的学者认为，政府必须对环境承担更多的责任。[2]在此共识之下，对包括《大气污染防治法》在内的环境保护类法律研究都必须将如何强化政府环境责任作为研究的重要内容。以往的研究往往将环境立法与环境执法做一定程度的区分，将政府环境责任相关内容作为环境执法的研究范畴。这样的区分不能算是错误，但却没有发现法律本身存在的弊端。本节的研究意在说明，包括《大气污染防治法》在内的环境保护类法律本身遵循的不法惩罚规制目标

---

[1] 也存在少数政府作为直接的行为主体实施环境行为的个例，例如，政府机关本身排放少量的废气。然而此种情况就如同行政关系中政府偶尔也会以民事主体的身份成为行政监管的执政对象。

[2] 巩固："政府环境责任理论基础探析"，载《中国地质大学学报（社会科学版）》2008年第2期。

在政府环境责任上存在问题，只有以环境质量目标设置环境类法律才能促使政府真正承担起法律赋予的环境责任。由于试图揭示的是规制目标与政府环境责任之间的适用关系，同时先前已经对《大气污染防治法》的具体条款设置有了详细的分析，因此本节选用《环境保护法》作为分析素材。

一、不法惩罚导致错误的政府责任

在许多学者的论著中，政府的环境法律责任被分为两个方面，一是政府应当承担的环境法律职责（第一性责任）；二是政府违反职责后应承担的法律后果（第二性责任）。[1]环境法赋予了政府权力，意味着赋予了政府以第一性的责任；而对于第二性责任，法律缺乏明确的规定与监管，从而导致了政府对环境法律责任的懈怠。[2]从1979年制定《环境保护法（试行）》开始，到现在已经颁行的国家环境保护类法律、法规、行政规章以及地方性法规、规章，基本上都采用向政府及其职能部门授权、以个人与企事业单位为规制对象的立法模式，甚至有学者将《环境保护法》直接定义为"监管者监管之法"。[3]个体承担义务而政府负责监

---

〔1〕 李俊斌、刘恒科："地方政府环境责任论纲"，载《社会科学研究》2011年第2期。

〔2〕 钱水苗："政府环境责任与《环境保护法》的修改"，载《中国地质大学学报（社会科学版）》2008年第2期。

〔3〕 吕忠梅："监管环境监管者：立法缺失及制度构建"，载《法商研究》2009年第5期。

管，目的在于通过个体的"不犯"来达到特定的法律目标，这是法律设计者的初衷。政府，作为法律规则的实际执行者与公众的实际控制者，在三者的关系中处于承上启下的关键位置。政府负责任地监管，产生较好的管理效果，从而产生愈加接近法律预想目标的社会效果；政府怠于监管，产生不理想的管理效果，从而使社会效果偏离法律预想目标。在环境法律以往的实践过程中，政府在环境责任上的表现与立法者预想的具有一定差距。一种获得相当拥趸的说法是：导致政府在环境责任意识、负责手段、负责强度等多方面表现欠佳的原因是法律仅仅赋予了政府权力与职责，而没有规定相应的监督与约束。[1]但持此观点的学者并未抓住问题的核心，在环境法体系中，贯彻这种政府代表法律对个体实施义务监管的模式，注定了即使政府努力负责，也未必能实现环境法预想的环境目标。环境法赋予政府的是监管之责，要求政府为监督与管理个人和单位而负责，监管的直接目的是保证每个个人和单位都按照法律设置的规则来行动，监管的手段是对所有违反规则的个人和单位进行惩罚。[2]那么如何评价政府是否负责地监管了呢？有两种评价方法，一是根据犯法个体的惩罚概率来进行评价，这是当前对政府执法较为

---

〔1〕　邓可祝："政府环境责任的法律确立与实现——《环境保护法》修订案中政府环境责任规范研究"，载《南京工业大学学报（社会科学版）》2014年第9期。

〔2〕　环境法的某些条款也规定了一些情况下对个人和单位进行奖励，可以将之视为个人和单位很好地遵守了环境法规则后被给予的"负惩罚"。

普遍的评价方法，它的逻辑在于高概率的惩罚能给违法者带来足够的心理威慑，从而减少其违法的可能。个体在考量违法成本时，一般将惩罚成本（例如罚金与刑期）乘以惩罚概率（如果违法被惩罚的可能性）。政府确保绝大多数的违法行为都受到惩罚，即违法必究，能有效地实现控制个体违法率的目的，所以在许多情况下，以惩罚率来考核政府是否负责是科学的。然而在环境监管中，给予违法个体的惩罚本身往往不及违法带来的收益，即使提高惩罚概率到百分之百，违法个体依然会倾向于选择环境违法。并且，由于环境处罚往往属于行政处罚，"一事不再罚原则"会激励个体选择持续性环境违法。而对于政府来说，由于考核的指标是违法个体的受罚率，所以它只需要保证绝大多数的违法个体受到惩罚即属于负责，最终结果往往是环境违法越罚越多，而政府的负责程度越来越高。[1]第二种评价方法是根据违法结果的多少来进行考核，它的优势在于避免了上述政府与个体的恶性循环，迫使政府为区域内的违法结果负责。然而这样的评价方法依然不适用于环境保护领域，环境质量的好坏并不直接取决于个体是否遵守了个体环境规则。以大气污染防治为例，大气污染防治法可以规定机动车必须按标排放尾气，超标即违法，使得区域大气污染的污染物是所有机动车排放尾气的总和。西藏自治区政府与上海市

---

[1]　这也很好地解释了为何政府的环保政绩逐年增加，而整体环境质量却没有根本进步，甚至个别地方还存在倒退。

政府根据同样的排放标准来进行大气环境监管，假设同样能做到确保所有汽车按标排放的"负责"，西藏自治区和上海市的大气质量却会截然不同，因为两地的机动车辆数量天壤之别。

如果说单一的监管职责，使政府真正履行的责任与最终的环境法律目标出现了偏差，那么在环境法中为政府增加更为丰富的职责，是否能扭转这一偏差从而使政府责任与环境法律目标保持一致呢？秉持这一理念，有学者提出，在监管职责之外，政府还应当承担提供环境产品和环境服务这一公共物品的责任。这一责任相较于单一的监管职责，包含了更为丰富的责任内容，包括建立环境与资源市场、防风固沙、鼓励公众参与、实施公益诉讼等。[1]这种为政府增设环境责任的观点获得了立法者的肯定，并在新《环境保护法》中得以体现。从新《环境保护法》的章节设置与条款设定来看，原初被视为"监管者监管之法"的环境法已经发生了本质性的改变。原本占据绝对优势的"赋予政府以监管权力和克以单位及个人以义务"的内容仅在新法中占一半左右的篇幅，剩余的篇幅多为要求政府切实承担环境责任的条文，可见其试图解决政府环境责任问题的迫切。新《环境保护法》中，增设强化对政府环境责任监管的条款数条，监管对象为地方政府以及行政负责人，监管主体为上级政

[1] 钱水苗："政府环境责任与《环境保护法》的修改"，载《中国地质大学学报（社会科学版）》2008年第2期。

府、人民代表大会以及公共群众；增设具体的政府监管职责条款数条，确立了环境影响评价、排污许可、总量控制等监管制度，以制度手段引导政府执行环境监管职责；增设除监管职责以外的职责条款数十条，要求政府承担公众参与、发展环境科技、生态补偿、环境教育等多项职责。从数量上看，新《环境保护法》解决政府环境责任问题的最主要手段是为政府增设环境职责。在增设的环境职责中，绝大多数是要求政府实施更多的环保手段，也就是赋予政府更多的行为职责。所谓行为职责，其内容是要求政府执行某项行为。公众参与职责要求政府为公众设立参与的平台，公开环境信息；发展环境科技职责要求政府以资金或其他奖励方式推动环境科学技术的发展；环境教育职责要求政府在更广泛、更深入、更有效的层面上宣传环境知识、推行环保理念；农村环保职责要求政府加强农村环保设施建设，加大农村环境公共产品与服务的供给等。相比旧法只为政府设立监管职责，新法设立的行为职责更丰富，也更为精确。政府不仅需要在监管职责上花费资源，也需要在更多的行为职责上花费资源，从而增加了环境保护的整体资源投入；并且，明确的行为职责在实践中具有精确的内容定位，加之总量控制等一系列制度的建立，为政府监管职责设立了制度与程序，从而使政府环境行为的自由受到约束，逃避环境责任的空间大幅缩小。更为重要的是，这些具体的行为职责暗含着政府角色的转变。原本政府仅仅作为法律的执行者，监督、管理单位和个人是否按照法律的要求来实施环境行为，承担具体环保行为义务的是单位和个人。新法之后政府也如同单位和个人一样，需要以具体的行为来承担环保责任，成为法律调控环境行为的直接对象。所以，新《环境保护法》为政府增设的职责必然对政府承担环境责任产生积极的作用。

但是，产生积极的作用并不等同于彻底地解决问题，赋予政府的行为职责虽然更为精确，但并不意味着政府的环境行为职责必然能产生良好的环境结果，这是因为任何一项环境制度或者环保行为都不必然产生良好的环境结果。既然行为职责的内容是精确的——要求政府执行某种行为，那么衡量职责履行与否的标准是政府是否执行，衡量职责履行好坏的标准是政府是否彻底地执行。因此，新《环境保护法》为政府增设了相当多的行为职责，这些职责能促使政府在环境保护领域做得更多。

二、目标责任是政府真正的环境责任

无论是以往《环境保护法》为政府设置的监管职责，抑或是新《环境保护法》为政府增设的许多行为职责，都无法真正解决政府的环境责任问题，因为这些政府责任的责任目标与环境法希望达到的法律目标并不必然一致。环境法原初的立法目标，是经济发展与环境保护的二元结合。[1]

---

〔1〕　吕忠梅等编著：《环境资源法学》，科学出版社 2004 年版，第 113 页。

1989 年《环境保护法》第 1 条第 1 款规定："为保护和改善生活环境与生态环境，防治污染和其他公害，保障人体健康，促进社会主义现代化建设的发展，制定本法"，但这一将经济发展作为环境法立法目标的设置受到了学者们的诸多批评，[1]因此新《环境保护法》在立法目标上融入了生态文明和可持续发展的立法理念，将原立法目标中的"促进社会主义现代化建设的发展"修改为"推进生态文明建设，促进经济社会可持续发展"。这一改动一定程度上体现了先进的环境法律理念，强调生态文明建设和经济社会的可持续发展，明确了经济社会发展要与环境保护相协调。但环境法学者对此依然保持一定程度的质疑，认为新《环境保护法》的立法目标仍然存在着价值缺失与不足："它倡导以实现经济社会可持续发展为目标，其最终要旨仍然强调的是经济社会的发展，环境保护仅仅作为其发展过程中需要注意、协调的附属。"[2]如果将二者置于大致并列或稍有先后的地位，基于经济人的理性，经济发展必然会压过环境保护。为了切实实现自身的环境保护功能，环境法只能将环境保护作为唯一的立法目标；此外，环境法也没有必要把生态环境保护与发展经济这两个相互矛盾的目标统一或兼顾起来，经济发展这一目的应该放在其他部门法中去规定，不必在环境法中得

---

〔1〕 竺效："论生态文明建设与《环境保护法》之立法目的完善"，载《法学论坛》2013 年第 2 期。

〔2〕 高利红、周勇飞："环境法的精神之维——兼评我国新《环境保护法》之立法目的"，载《郑州大学学报（哲学社会科学版）》2015 年第 1 期。

到体现。所以，环境法的立法目标应当是唯一的——环境保护。

　　将环境法的立法目标限定为环境保护，还不足以完整地说明环境法的目标追求。因为立法目标并不完全等同于法律目标，对一部法律的法律目标进行完整表述，应当是主体在特定的法律理念的指导下，根据其对特定的法律部门和法律规范的功能需求，从可供选择的法律价值名目体系中，为特定的法律部门和法律规范选择并设定的价值目标。[1]"价值名目"是指具体的价值名称，诸如自由、公正、平等、安全、效益、秩序等，凡是为法律主体在主观上所珍视的，同时法律客体在客观上又能具有的性状、属性、作用等的具体名称都是具体的价值名目。[2]环境法亦然如此，环境保护这一立法目标必然承载着某一或多种价值追求。环境法学者在传统的价值名目里，为环境法寻找了许多价值目标，例如代际正义、生态秩序；[3]也在生态伦理概念中，为环境法寻找了一些目标追求，例如生态文明、可持续发展。[4]在此无须一一研究、辨析每一个环境法的价值目标，因为任何一种价值都必须良好环境这一载体，任何一个最终的价值追

---

〔1〕　竺效："论经济法之法律目的"，载《西南政法大学学报》2002年第3期。

〔2〕　张恒山："'法的价值'概念辨析"，载《中外法学》1999年第5期。

〔3〕　吴贤静："生态文明建设与环境法的价值追求"，载《吉首大学学报（社会科学版）》2014年第1期。

〔4〕　竺效："论生态文明建设与《环境保护法》之立法目的完善"，载《法学论坛》2013年第2期。

求，都必须先通过实现良好环境这一目标来实现。良好环境，是指能满足人类利益需要的环境，良好是人类对客观环境品质的一种主观评价。从"满足人类需求"这一利益供给的视角上看，良好环境与公平、正义、秩序等同属价值目标的范畴。将环境品质改变并维持于良好，即将环境品质提升到足以担负起人类利益需要的水平，是环境保护最直接的目标追求。所以，无论环境法学者将环境法最终的价值追求解释为何物，都必须先肯定环境保护这一行为的目的在于实现良好的环境品质，环境法最直接的法律目标是良好环境。

解决政府环境责任问题，必须确保环境法赋予政府的责任与环境法的法律目标相一致。环境法应当以实现良好环境作为政府环境责任的全部内容。也就是说，政府应当承担的是目标责任，而不是以具体某项行为为内容的行为责任。目标责任，是完全不同于行为责任的责任机制，具有唯结果论与唯行为论的差别。政府应当为实现良好环境这一目标负责，无论政府在具体实践中付出了多少努力，评价政府是否负责的唯一标准应当是环境是否变得良好。新《环境保护法》第6条第2款规定："地方各级人民政府应当对本行政区域的环境质量负责"，就是为政府设置了以实现良好环境为内容的目标责任，然而这种责任在环境法中仅仅是一种原则性的设置，并没有在后续的环境法具体条款中得以完整体现。政府责任的内容，依然是根据环境法为个人和单位设置的行为准则对个体实施监管的职责，以及实施一系列环保行为的职责。监管职责最终的目标，是实现一种确保所有违法者受罚的法治秩序；环保行为职责最终的目标，是确保政府实施了具体的环保行为。二者都不必然符合环境法的法律目标——良好环境。环境法应当将自身最主要的内容设置为不同层次、不同区域的政府的环境目标责任。为政府设置目标责任，包含着赋予政府责任与权力两方面的内容。目标责任是第一层次的内容，政府必须确保自身的行政行为最终能实现良好环境这一目标，否则就需要承担相应的惩罚；权力是第二层次的内容，是实现目标责任的方式。环境法不需要再为个体设置具体的行为准则，而是赋予政府设置行为准则并监督管理的权力；环境法也不需再为政府的环保行为制定最终的细则，而只需提供制度与原则上的指导与建议。这种以环境目标责任为主要内容的法律设置，客观上放大了政府的环境权力，更能调动起政府环境保护的积极性，增加政府环境保护的空间，并且不必担心政府的权力滥用，因为政府必须对最终的环境结果负责。环境法不再监督政府某项具体权力或者行为是否实施妥帖，对政府权力和行为的评价都以最终的环境结果为标准。所以，环境目标的政府责任既迫使政府必须担负起环境责任，也给予政府空间，从而能更好地担负起环境责任。

一般认为，政府责任包括政府的道德责任、行政责任以及法律责任。[1]道德责任是一个内在的约束机制，而非外在的强制机制，缺乏可直接对应的制度规范，因此很难指望道德责任在政府环境责任上发挥决定性的作用。行政责任作为政府责任最主要的内容，理应发挥中流砥柱的作用，而在政府环境责任上，行政责任却具有天生的缺陷。首先，作为环境行政主体的地方政府，需要向上级政府以及人大担负环境行政责任，然而环境污染与治理具有广域性，区域内的环保付出未必能得到相应的效果，在政绩考核上不具有效率优势；其次，行政责任是以经济发展为主要内容的综合责任，即使不能说是唯 GDP 论，GDP 也被视为政绩考核的一项重要标准；最后，地方政府的环境保护责任并不是单纯以环境结果为唯一的考核目标，还包括对政府监管等一系列环境执政行为的考核，地方政府可以以高效的环境执法弥补没能实现良好环境结果的环境政绩不足。因此，真正可能让政府承担环境责任的，只会是包括环境法在内的法律为政府设置的法律责任。确立了以环境保护为唯一立法目标的环境法，排除了经济发展的压力与干扰，明确要求政府在环境保护上承担责任；确立了以良好环境为法律目标的环境法，将环境结果作为考核政府环境责任的标准，消灭了政府权力寻租的制度空间。最为重要的是，环境法为政府设立的环境法律责

---

〔1〕 也有学者将行政责任划分为政治责任和行政责任，将法律责任划分为诉讼责任、赔偿责任。参见张成福："责任政府论"，载《中国人民大学学报》2000 年第 2 期。

任，具备法律责任独有的优势。首先，法律责任是独立的责任体系，具有明示性、规范性、权威性，政府不履行环境责任就构成政府失职，应当承担相应的法律责任，不会与其他责任进行混淆；其次，它是环境法向各级人民政府及其职能部门发出的具有强制力的命令，区别于建立在权力基础上的的行政责任，不存在可以履行也可以不履行的空间，更具有义务性；最后，法律面前人人平等，不存在管理者与被管理者的身份区别，更具有威慑力。综上所述，只有环境法为政府设置的良好环境目标责任才可能真正解决政府的环境责任问题。

三、环境质量目标让政府真正地"负责"

良好环境目标，是一个抽象、概括的目标，它的内涵在于可以为人类提供生存、发展等一系列利益。最终评价良好的方式，是确认环境供给的利益是否满足了人类的需要。然而如果直接以需要标准评价环境，先不论是否会对污染环境行为造成激励，仅仅在操作上就会面临纷繁复杂的问题。例如，良好的水资源，将其作为饮用水的个体对其的需求是干净、清澈，不会对人类的健康造成影响；将其作为捕鱼场所的个体对其的需求是丰富的渔业资源，两者的良好评价标准即出现了分歧，因为许多特定的鱼类需要微生物与藻类，自来水的标准能满足饮用水需求却不能满足捕鱼需求。并且，能满足饮用或者能满足捕鱼这样的要求，并不能直接为评价水环境本身的质量提供一个可以操作的指标。所以，在评价环境时，需要先根据环境本身的自然属性，制定一系列的环境质量标准，然后以不同的个体利益需求对照相应的环境质量标准，以此来评价环境是否良好。例如，《地表水环境质量标准》（GB 3838-2002）从溶氧、需氧量、菌群数等多方面制定了五类水标准，不同层次的标准满足人类不同层次的生产、生活需求，从而为评价水资源的环境质量提供科学的标准。同时，环境质量标准不仅仅是对环境自然属性进行的归纳，不纯粹是排除一切价值判断的技术性产物，它的根本功能是为环境保护服务的。早期的环境质量指标往往以评价本不应该出现在环境之中的污染物水平为内容，例如英国皇家污水处理委员会于1912年制定了河水环境质量标准，规定了BOD5、悬浮物等污染物浓度限值，后来发展为主要评价环境中对人体有害物质浓度的指标。这些有害物质是人类在生产生活中不可避免要排入、制造的污染物，是人类在发展需求与环境危机之下做出的一种妥协。通过制定环境质量标准对环境中的有害物质进行限制，规定允许含量的标准，防止环境污染过度影响人类的健康与发展。环境质量标准既是人类环境保护的技术基础，也是在现有经济发展与科学技术下寻求人类发展与环境承载的平衡点，它是人类协调社会、经济、文化与环保，在环境领域为自身制定的总目标。所以，将抽象的良好环境目标以环境质量标准进行表达，即为政府设立相应的环境质量目标，这体现了环境保护本身的科学与技术属性，也是环境法治的必然选择。

　　我国现行的环境质量标准，是建立在环境基准之上，综合社会所需、所能，结合评估判断的结果。环境基准是指环境中的某种有害物质或有害因素对环境利用者不产生不良影响的最大剂量或最大浓度，它量化地揭示了污染物对受体的影响程度，即剂量—效应关系，可将之理解为纯粹的环境科学标准。环境质量标准作为体现国家和权威机构的意志，在综合权衡各种因素基础上做出的决策，具有一定的主观性。然而这种主观性不应当超过环境基准的客观性，环境质量标准应当以环境基准为"底线"。环境质量标准的限值应严于基准，而不能宽于基准、突破"底线"，它的主观性应当表现在环境质量标准与"底线"之间的安全距离。国家经济越发达、社会发展程度越先进，人对生活质量的期望就越高，对环境质量标准的要求就越严格，标准离"底线"就越远，标准的保护强度越大，标准的安全系数越高。作为发展中国家，我国的环境质量标准离环境基准的安全距离比较小是可以理解的，然而有些环境质量标准却因为某些客观原因，突破了环境基准，或者因为缺乏系统的环境基准研究与数据，根据人为意志与经验来设立环境质量标准，这样的环境质量标准就不具备完全的科学性。[1]此外，现有的环境法律体系中少数为政府设立的环境目标责任，也并不是完全

─────────

　　〔1〕　王光焱："关于我国环境质量标准及其应用的有关问题探讨"，载《江苏环境科技》2008年第3期。

按照环境质量标准进行设置的。以现行的《土地管理法》为例，第 17 条确立了"土地利用总体规划"，第 21 条确立了"建设用地规模不得超过土地利用总体规划"，实际上是为地区政府设置了建设用地规模的目标责任，然而在相应的规定中，制订"土地利用总体规划"的首要依据是"国民经济和社会发展规划"，其次才是"国土整治和资源环境保护的要求、土地供给能力"，最后还需要考虑"各项建设对土地的需求"。这样的土地目标责任，显然不是完全建立在土地环境质量标准之上的包括责任。再比如《海洋环境保护法》对"重点海域"的设置，是为了解决环境保护优先次序的制度，是因为某些海域的污染实在到了忍无可忍的地步。然而实际操作中，重点海域的设置首先考虑的是重点海域的经济重要性，即重点海域一般都是经济、社会发展中具有重要作用的海域，其次才是污染严重需要重点治理的海域。[1] 以此为海洋环境治理设置的"重点海域"，很可能不是污染最急需治理的海域，也就无法完全保证在此之上为政府设置的环境目标责任的科学性。

有些学者认为，环境质量标准的"法律性质和众多的行政计划同样，至多只不过是表示行政努力目标的一个指

----

〔1〕 例如《广东省海洋功能区划文本》第 22 条规定了广东省重点海域划分的依据："（一）自然地理单位较为完整，在全省自然资源中优势突出，占有主导地位和核心地位的海域。（二）海域开发利用联系紧密，在全省海洋经济中发挥核心作用的海域。（三）海域开发价值大，在全省海域综合开发中有示范作用的海域。"

标，并不具有作为直接规定国民具体权利义务的法规的性质"。[1]其实是将环境质量标准视为一种技术性文件，是行政部门环境执法的一种工具。行政部门参考环境质量标准，为个体制定行为标准，并将之作为监管、处罚个人和单位的依据。所以在现有的环境法律体系中，真正具有实践性的是个体行为标准，而不是环境质量标准。然而个体行为标准并不能完整表达环境质量标准的需求，以水污染防治为例，《水污染防治法》第102条第（一）项对水污染的界定为："水污染，是指水体因某种物质的介入，而导致其化学、物理、生物或者放射性等方面特性的改变，从而影响水的有效利用，危害人体健康或者破坏生态环境，造成水质恶化的现象。"此条对水污染的法律定义没有提及作为环境管制手段的污染物排放标准，而是把污染界定为危害人体健康或者破坏生态环境的"水质恶化"现象。而如何判断"水质恶化"，在通常情况下，显然应当以作为环境质量标准的相应水质标准为依据，而不可能根据排放主体是否超过污染物排放标准排污来判断。并且，个体行为标准往往严重低于环境质量标准，以《电池工业污染物排放标准》与《地表水环境质量标准》为例，前者化学需氧量为100（5倍于后者），总磷为1.0（5倍于后者，20倍于湖、库水标准），总氮为20（20倍于后者），氨氮为15（15倍于后者），以此标准进

_____

〔1〕　［日］原田尚彦：《环境法》，于敏译，法律出版社1999年版，第89页。

行排放的电池工厂，很可能就会导致水环境的严重污染，然而却不必为此负责。最后，即使是个体环境标准，也只能对单位和个人产生约束力，并不能依此要求政府承担环境责任，因为只要政府对违反个体标准的个体实施了惩罚，就算是履行了环境职责。

试图让环境法为政府设立环境质量目标，以解决政府环境责任问题，首先需要解决这两个问题。第一个问题是科学环境质量标准的建设，科学的环境质量标准是环境质量目标的客观前提，我国已经建立了环境质量标准制度，但现有的环境质量标准并不是完全科学的，环境法应当秉承可持续发展理念，以保护生态环境和人体健康为目标，为建立科学的环境质量标准提供法律与制度上的支持。虽然环境法尚未完全取得环境基本法的地位，然而仍应当要求各领域的环境分支法建立空气、土壤、水体等一系列环境质量标准，将客观反映环境质量状况及其变化趋势作为建立各种环境质量标准的原则。同时，设计科学的环境质量调查、评价方法和流程，修订并尽快出台环境监测标准、环境监测技术规范、环境监测设备标准等应用技术标准体系，加强对环境监测实践的指导、监督和规范，使环境质量评价结果符合客观实际。除此之外，环境法还应当着重制定除污染防治以外的环境质量标准，例如，资源保护领域、生态保护领域，还有环境退化防治等领域的环境质量标准，注意填补当前环境质量标准体系中的空白。第二个问题是为政府设立科学的目标责任以及摆正环境质量标准的应有之位，这两者的解决途径是一致的，即环境法以环境质量标准为基础，为政府设立具体的环境质量目标。环境法应当明确，环境质量标准不是仅仅为客观环境质量提供评价的技术性文件，也不是政府在环境行政中的工具，而是为政府设立的环境责任表。环境法从环境质量标准中，挑选不同的内容，以环境质量的形式为政府设立不同的环境质量目标。政府对环境法承担的法律责任，是必须在规定时间内保证自身辖区内的环境质量达到所设置的环境质量目标，即满足相应的环境质量标准。如果政府没有实现某一环境质量目标，就属于失职，必须承担相应的环境法律责任。相应的，政府根据环境法设立的环境质量目标，在其辖区内，独立行使环境法赋予的环境行政权力。政府可以设置严于环境法的环境质量标准或个体环境行为标准，可以有条件地选择适应自身辖区内客观环境与社会状况的环境执法手段或环境保护措施。环境法只为政府的环境执法或环境保护提供指导性的制度、技术或建议，但必须确保为政府设立的环境质量目标是具有强制约束力的，明确、强制、科学的环境质量目标，应当是环境法最主要的内容，也是解决政府环境责任问题的唯一途径。

第三节　协调个体博弈的优势

环境问题是人类文明发展到一定程度的产物，是不断扩张的人类环境需求与有限的环境生态承载力之间的矛盾。大气环境问题就是这个矛盾的典型例证，个体的生存与发展需求需要排放大量的废气或其他污染物，而大气环境对这些污染物的承载力是有限的，超过承载力的污染物排放就会破坏大气环境质量，最终影响人类自身的生命与健康。解决环境问题，是解决需求的无限与环境的有限之间的矛盾，然而由于环境是人类共有的存在，个体利用环境是正当且无须支付对价的，导致个体在利用环境时必然遵循尽可能贪婪的原则，也就是环境问题中的"公地悲剧"。由于在现有的科学技术条件下，环境自身可以为人类提供的利益是有限的，因此解决环境"公地悲剧"的出发点只能是个体的环境行为。控制个体的环境行为在"公地悲剧"中面临一系列的博弈问题，法律作为社会调整的工具，实质是通过各种策略来压制、引导个体的环境博弈，从而试图解决环境问题。以往不法惩罚下的环境类法律是通过惩罚的方式来阻止个体在环境博弈中的贪婪，但收效并不明显。本节的研究试图通过个体博弈的视角来说明在解决环境问题中，为何不法惩罚难以抑制个体的贪婪策略，以及为何环境质量目标可以更好地引导个体克制贪婪，从而最终走出环境博弈中的"囚徒困境"。

一、环境问题中的"公地悲剧"

环境问题，是人类对环境的利用与开发超过了环境承载力，在经济学上被表述为个体环境行为在公共环境中产生的负外部性结果的总和,哈丁将之称为"公地悲剧"。[1]无论是资源概念上的林木、矿产、水、空气,还是环境概念上的森林、土地、山川与大气,在现代经济学领域都被归纳入"公共物品"的范畴。所谓"公共",即说明使用与消耗资源或者环境的人无须支付相应的对价,对环境或者物品的占有也不存在排他性。同时,人们可以通过占有或消耗作为环境因子的"物品"获取利益,从而导致了人会尽可能地占有、使用与消耗环境资源,将更多的"公共物品"转化为"私人利益",并且人往往不会考虑他的活动对邻里或后代的影响,结果是资源因过度开采而导致枯竭,环境因过度使用而造成破坏。[2]在人类社会的初级阶段——原始社会并不存在私有制与产权,[3]原始人通过狩猎、种植等劳动将极少部分的环境与资源转化为自己的食物、衣物、工具与住所,但这些劳动成果并不是私有的,而是氏族共有,排外性只是相对于其他氏族而言。公有制的原始社会激励劳动的方式不是通过产权,而是通过控制劳动所得的总体数量,保证

---

[1] "公地悲剧"是指任何一种无人具有所有权,因而不具有排他性的资源都倾向于面临过度使用和维护不足的局面,如果对某项资源的维护的缺失太严重,以致对它的滥用超过了这种资源能够自然再生的程度,我们一般就称它是一种"公地悲剧"。参见〔美〕泰勒·考恩、亚历克斯·塔巴洛克:《微观经济学:现代原理》,王弟海译,格致出版社、上海三联书店、上海人民出版社2013年版,第76页。

[2] 〔英〕R.科斯等:《财产权利与制度变迁——产权学派与新制度学派译文集》,刘守英等译,上海三联书店、上海人民出版社1994年版,第24页。

[3] 刘家和、贺允清:"如何认识原始社会的公有制",载《北京师范大学学报》1981年第6期。

社会成员有持续不断的劳动积极性。[1]随着生产力的发展，原始的社会结构开始解体，私有制开始出现，人类开始将环境与资源经过劳动转化后的产品视为一种"财产"，个体对财产享有产权。财产不再是氏族共有而是具有排他性的独有，这就激励了人们为增加自身财产而劳动的积极性，除了财产与财产之间的流转之外，人们也充满热情地将"无主"的环境与资源转化为"有主"的财产。[2]然而由于生产力的局限，少量的环境与资源被转化为财产，更多的环境与资源仍然处于"无主""人类共有"的状态。虽然偶尔国家等组织会宣布"环境或者资源属于自己"，[3]但它们不可能实质意义上的做到将"环境或者资源"排他，例如不可能惩罚每一个随意在河流边取水的人。这是因为人们一般具有"环境无主"的习惯认知；也因为全面保证"环境与资源"的产权排他不具有性价比；[4]但最重要的原因是绝大多数

---

〔1〕 例如，亚历山大征服印度河流域时曾接触到许多部落。其部将尼亚尔库斯写道："在一些部落中，不同人群以亲属关系为基础，共同种植作物，收获时，各取一年所需之量，烧毁其余，以求此后有事可做而不致怠惰。" See Strabo, *Geography I, with an English translation by Horace Leonard Jones*, Cambridge, Massachusetts, London, Harvard University Press, 1997, p. 177.

〔2〕 "世界本来是赠予人类共同拥有……劳动者独享全部劳动生产物" 见 [英] 亚当·斯密：《国民财富的性质和原因的研究》，郭大力、王亚楠译，商务印书馆 2014 年版，第 38 页。

〔3〕 徐祥民："自然资源国家所有权之国家所有制说"，载《法学研究》2013 年第 4 期。

〔4〕 禁止他人占有、使用或者消耗所有的环境与资源，或者要求每一个占有、使用或者消耗环境与资源的人支付相应对价，所需要花费的公共成本往往远高于环境与资源本身的价值。

环境与资源还不具有稀缺性。直到工业革命之后，人类的发展逐步达到了地球的环境极限，环境资源不再无限而变得稀缺。对于没有产权约束的环境与资源，人们表现出疯狂攫取的热情，从而出现了环境的"公地悲剧"。从历史维度看，私有化（产权）的产生激励了人类劳动（利用与改造环境）的欲望，欲望的对象往往是不受产权保护的公共物。

既然"公地悲剧"的产生与产权有密不可分的联系，哈丁自然地提出以产权手段来解决"公地悲剧"。[1]产权手段的逻辑在于，将原本公有的环境资源进行产权分配与界定，以产权激励产权主体主动地排斥其他主体利用或者开发环境，从而避免搭便车的现象。并且，产权界定后的环境资源还可以进入市场进行交易与流通，从而实现环境与资源的最高效利用。科斯认为"在产权明确的前提下，只要交易成本为零或小到可以忽略不计，无论初始产权如何规制，都可以通过自由的市场交易达到资源的最优配置。"[2]产权手段解决环境"公地悲剧"的进一步逻辑在于：如果对环境造成外部性是不可避免的，那么产权交易能将外部性成本赋于最大程度发挥它价值的主体。[3]环境产权的优势在于，它不是直接管控个体的环境行为，而是通过制度的变革使环

---

〔1〕 Garrett Hardin, *The Tragedy of the Commons*, Science, 1968, （162）.

〔2〕 罗必良、王玉蓉："外部性问题、校正方式与科斯定理"，载《经济科学》1994 年第 6 期。

〔3〕 赵雪雁、李巍、王学良："生态补偿研究中的几个关键问题"，载《中国人口·资源与环境》2012 年第 2 期。

境与资源集中到利用率最优的个体上。环境利用效率高的个体能使每个负外部性环境行为所产生的利益最大化，假设单位时间内人类需要从环境上获得的利益是确定的，那么高利用率的环境行为能有效减少环境的损耗；同时低利用率的环境行为个体可以通过出售自己的环境产权而不是直接使用环境来获得利益，从而在宏观上形成帕累托最优。具体来说，就是先为原本"公有"的环境界定产权，然后建立一个环境产权交易市场，通过市场功能将环境行为所产生的负外部性"效益最大化"，从而间接达到减少环境整体损耗的目的。有相当多的学者认为，科斯定理面临的最大的困难在于：现实中的界权与交易往往存在高昂的成本。[1]科斯定理成立的前提条件是"产权为零或者几乎可以忽略不计"，一旦成本过度上升，就可能导致界权不清、流转滞涨等一系列市场问题，最终导致产权制度的崩塌。[2]然而，即使抛开成本考量，对于用产权手段解决环境"公地悲剧"仍然应保持疑问的态度，因为它只是将个体假设为简单的"私有理性而共有贪婪"，却忽视了产权界定后反向激励了个体对环境资源的贪婪。产权手段将原初的公共物品使用者分为两类主体：一是出卖者，即相对低效的环境利用者；二是买

---

〔1〕 凌斌："界权成本问题：科斯定理及其推论的澄清与反思"，载《中外法学》2010年第1期。

〔2〕 姜渊："论生态补偿的理性定位"，载《理论与改革》2015年第4期。

入者，即相对高效的环境利用者。[1]两者对于自身拥有的环境产权具有两种策略：贪婪与克制。[2]对于出卖者来说，如果选择了贪婪策略，那么自身从被利用的环境与资源上可以获得更高的利益，每个单位的环境与资源可提供的利益增加，意味着每个单位利益所需耗费的环境与资源可以减少，出卖者就有更多的环境与资源可供出卖，从而获得更多的交易利益。出卖者贪婪的策略边际是在利用环境的成本与卖出环境的利益之间。[3]然而单位环境的"产出"增多意味着对环境本身"损耗"的增加，相较于不存在环境产权市场时，被出卖者利用的环境会遭到进一步破坏。对于买入者来说，如果选择了贪婪策略，同样每个单位的环境与资源可提供的利益增加，它也就可以降低环境产权购买量，实现交易成本的降低。出卖者的贪婪策略边际是在利用环境的成本与

---

〔1〕　产权市场中的所有个体都可以视为这两种个体，当某一个体从更低效的个体手中购入环境产权时，即是前者的身份与心态；当他将自己的某些环境产权出卖给更高效的个体时，即是后者的身份与心态。

〔2〕　在原始的"公地"状态下，由于个体可以任意获得环境与资源，所以个体对已经获得的环境与资源一般不会充分利用，也就不会充分耗竭。充分利用占有的环境与资源不如占有新的环境与资源更为划算，个体会在利用环境与资源的成本与占有新的环境与资源的成本之间找到一个平衡点，贪婪与克制更多地体现在占有新的环境与资源的策略上。然而在环境产权市场内，单位时间里，由于进入市场以供流通的环境与资源总量是固定的，所以不存在占有新环境与资源的策略上的贪婪与克制，只存在对利用已经占有的环境与资源策略上的贪婪与克制。

〔3〕　这里所说的"利用环境的成本"指的是利用环境成本与利用环境收益之和。当利用占有的环境与资源的成本与收益之和低于出卖的收益，出卖者就会出卖掉部分环境产权，并在剩余的、可供自身利用的环境产权上保持贪婪，直至进一步贪婪的成本高于卖出所得的利益。

买入环境的成本之间，结果也同样是被买入者利用的环境会遭到进一步破坏。因为进入产权市场的环境总量是恒定的，无论交易如何流转，这些环境最终都会被买入者或者卖出者加以利用，所以两者皆保持贪婪的结果就是环境整体的进一步被破坏。此外，在市场之外还存在着部分未被界权的环境与资源，即使它们不能被交易从而产生交易利益，却依然可以被利用从而产生利益。所以无论是买入者还是卖出者都会尽可能地在市场制度外夺取这些环境与资源，从而减少自身在市场内的交易成本或者增加自身在市场内的交易利益。无论市场内外，卖出者与买入者都会选择贪婪策略，从整体环境的角度上看，"公地悲剧"依然会重演。

二、个体博弈中的"囚徒困境"

产权手段的失灵迫使我们更深层次的思考，仅仅以"自私的天性"为答案不足以回答人类为何会一次次地重复"公地悲剧"。因为如果说在环境问题初现的早期，人类还没有意识到"破坏环境最终会毁灭自身"，那么在环保教育如此普及的当下，人类周而复始地重复"公地悲剧"就显得尤为奇怪了。人类社会早期由于生产力的局限，人类的总体环境行为没有达到整体环境的承载极限，即使局部环境出现了问题，人类也可以依靠迁徙至新的环境来解决这一悲剧。此时因为没有出现环境危机，抢占并利用环境与资源是绝对正当的行为，甚至被视为应当鼓励的劳动。[1]随着生产力的发展，人类几乎已经迁徙过除南极以外的所有大陆，占有并利用了地球绝大多数的环境，环境问题不再限于局部，而形成了全人类与全地球的环境危机。所有人都感受到了环境问题给自身带来的压力与影响。依照趋福避祸的理性，人类应当明白现代环境行为已经超过环境自身承载力，只有克制的环境策略才能最终解决环境问题。然而现实是极少人选择了克制，更多的人选择了更加疯狂的贪婪。为何面对环境，人类会做出这种与"趋福避祸"截然相反的非理性选择？从个体的微观视角上看，利用环境行为总和与环境本身承载力的矛盾给予了个体两个信息：一是利用环境的行为总和将损害每个人的利益，而这种损害是渐进的、持续的并且平均的。个体的贪婪策略并不会直接导致个体的利益损害，相对于个体通过侵害环境获得的直接利益来说，这种损害是渐进的、不对称的；个体的克制策略也并不会直接给个体带来利益所得，人类通过整体的克制策略获得的环境利益持续地反馈给个体；个体无论选择克制策略还是贪婪策略，受到的损害与获得的利益都是平均地作用于每个个体的，单个个体不会因为策略的选择而影响自身的利益，也就是说个体环境行为与个体环境结果在多数情况下不存在线性的因果关系。二是环境不再是无限的，而是有限的，甚至是稀缺

---

　　[1]　例如，我国 20 世纪 50 年代末发起的"大跃进"运动，就积极倡导并大力发展开垦、利用、重建生态环境的"科学技术"。

的。从空间上说，环境的有限意味着如果单个个体不选择贪婪策略，其他选择贪婪策略的个体就会抢先占有并利用环境，从而获得更多的利益并在社会竞争中取得领先；从时间上说，环境的有限意味着单个个体如果不选择贪婪策略，环境将不会被保存至未来，从环境上获得的利益是"过时不候"的。此时的个体面临贪婪和克制两个策略选择，并与其他所有的个体产生了双向博弈。如果个体选择了贪婪策略，而其他个体选择了克制策略，那么个体可以通过贪婪策略获得更多的个体环境利益，并且其他个体的克制策略所产生的整体环境利益会在未来平均地分配给自己与他人，个体将在社会竞争中取得领先；如果个体选择了贪婪策略，而其他个体也选择了贪婪策略，那么自己与其他个体将均分短期内的环境利益，并且在未来共同承受整体环境损害带来的个体利益损害，个体在社会竞争中不会落于下风；如果个体选择了克制策略，而其他个体选择了贪婪策略，那么其他个体可以通过贪婪策略获得更多的环境利益，并且在未来与克制个体共同承受整体环境损害带来的利益损害，个体在社会竞争中处于落后状态；如果个体选择了克制策略，而其他个体也选择了克制策略，那么自己与其他人在短期内都无法享受环境利益，并且所有人的克制策略所产生的整体环境利益会在未来平均地分配给自己与他人，个体在社会竞争中不会落于下风。这一结果真实地反映了环境利用过程中的"囚徒困境”现象。[1]

现实生活中，"囚徒困境"现象并不罕见，在政治、经济、社会领域时常显现的此类现象，最终并不都是互相背叛、尔虞我诈的互损结局。有许多学者针对"囚徒困境"提出了相应的解释与解决办法，例如，重复博弈与声誉机制、背叛惩罚、信息通讯、加强社会理性[2]等。但无论解决途径如何改变与复杂化，核心意图是唯一的，即两个囚徒最终选择了互不坦白，从而实现最优的结果。通俗地说，即两个囚徒选择了"合作"而不是"背叛"。在合作初期，个体与个体之间不仅需要知道自身所面临的处境，更需要明白对方是否具有合作的意图，这就需要双方事先的意见交流。因为相较不合作，贸然的单方面采取合作行为往往会带给自身更大的损失。"囚徒困境"假设的情境是"囚徒之间无法沟通"，只有打破这种信息闭塞，双方才具有合作的可能。信息通讯就是切断这种闭塞的一种解决方式，如果双方在信息可以充分共享、通讯可以顺畅实施的情境下，理性个体会倾向于选择尝试合作。对于个体来说，提出合作意图是最优选择，被接受固然好，被拒绝也没有任何损失，依然可以选取坦白策略；接受合作意图也是最优选择，接受后按照合作方案实施不坦白策略只需要被判一年，优于拒不合作的五

---

[1] "囚徒困境"由社会心理学家梅里尔·M.弗勒德（Merrill M Flood）和经济学家梅尔文·德雷希尔（Melvin Dresher）大约于1950年提出。

[2] 王小锡："经济道德观视阈中的'囚徒困境'博弈论批判"，载《江苏社会科学》2009年第1期。

年，接受后选择欺诈方案，实施坦白策略只需要被判三个月，也优于拒不合作的五年。而加强社会理性则是从宏观上强化个体的合作意识，让更多个体明白选择合作带来的总收益高于选择背叛带来的总收益，减少个体背叛的风险，增加合作的可能性，也就会有更多个体尝试合作。在合作进行中，如果有个体选择了欺诈方案实施了坦白策略，会导致合作的破裂，一方极大受益而一方极大受损；如果双方都选择了欺诈，则重回"囚徒困境"。仅仅从孤立的单次情境来说，很难有方法避免此种欺诈，甚至沟通后的"囚徒困境"比不沟通后的"囚徒困境"出现欺诈的可能更大。因为相较于事先不沟通的"囚徒困境"，沟通后的个体明白对方很有可能选择了不坦白策略，自身选择坦白策略从而获得最高个体收益的可能性增加，也就激励了他选坦白策略，对方亦如此。但这个问题如果纳入现实情境，往往就会得到解决。现实社会中，合作博弈一般并不存在于孤立的单次情境中，个体与个体之间往往存在着多次、周而复始的重复博弈，还存在与不同个体之间的多次博弈。如果一次博弈中，个体选择了合作意图然而实施了欺诈行为，就会导致更大的损失——与之合作的个体下次再与之合作的可能性急剧下降，他将在未来丧失合作的可能性。从长远利益看，丧失合作可能性带来的利益损失远远高于单次欺诈带来的收益，所以个体会倾向于选择遵守合作意图。背叛惩罚与声誉机制就是强化个体实施欺诈所遭受的损失，以保证合作顺利实施的机制。背叛惩罚针对实施欺诈的个体实施惩罚，增加了其欺诈成本，也就减少了欺诈可能性；并且惩罚的实施给予了其他个体以心理威慑，让其他个体在实施具体策略时考虑到欺诈很可能会得不偿失，也就从整体上增加了未来合作意图被实施的可能性。声誉机制放大了单次博弈对未来多次博弈的影响，实施欺诈行为的个体不仅与对方个体未来合作的可能性降低，还会因为整体声誉的下降，导致与其他未曾合作过的个体未来合作的可能性下降。反之，个体选择顺利合作则会增加与所有个体未来合作的可能性。

三、环境质量目标让个体走出博弈困境

合作路径为解决"囚徒困境"提供了基本思路，按照这个思路我们尝试以主动合作或者被动合作的逻辑对环境行为个体的"囚徒困境"进行分析。环境行为个体作为一名囚徒，并不是与另外一名或者几名囚徒进行博弈。这是环境个体的"囚徒困境"与普通"囚徒困境"最大的区别，它是特别广泛的、无数次的、周而复始的整体博弈。这是由环境问题的客观属性所决定的：空间上，环境问题是泛区域的甚至是全球的；时间上，环境问题是持续的甚至是源源不断的；类型上，环境问题是复合而多样的。[1]环境个体需要

---

〔1〕 小范围的、短时期的或者完全孤立的环境损害不能称之为严格意义上的环境问题，如果一个环境损害是小范围的（不会影响周边区域）、短时期的（没有持续性的损害）或者孤立的（不会与其他环境因素发生连锁反应），那么

与无数人、在很长的时间里、就不同而又互相关联的环境问题进行博弈，这就为传统的合作途径解决"囚徒困境"制造了相当多的困难。首先，环境行为者无法与其他所有个体进行全面的信息通讯。信息通讯包含两部分内容：一是关于客观情境的信息共享，二是关于合作意向的要约沟通。环境问题的复合性急剧加大了需要共享的信息量；环境问题的广阔性增加了信息共享的传输成本；而环境问题的持续性使信息共享的过程需要不断地重复，既加大了信息量，也加大了信息共享的传输成本。巨大的信息量与高昂的传输成本使环境信息的共享变得极为困难。此外，作为一名单独的环境行为者，仅与个别环境行为个体交流合作意图并达成合作协定没有任何意义。少量的环境行为个体合作，即少量采用克制策略的环境行为既不能改变环境问题带来的损害，也不能明显增加总体环境收益，也就不能为这些合作的环境行为者带来个体收益。而想要通过合作获得环境收益的增加，必须保证有足够多的环境个体参与合作，这里的足够多指的是行动个体的基数下限必须多到足以一定程度地扭转环境问题，环境个体在与如此多的个体博弈时，不可能与所有人进行有效的意向沟通，只能凭借预判来进行合作（克制）或者背叛（贪婪）的选择，即预判大多数人会选择实施合作行为才可

（接上页）它可以通过技术问题得到彻底解决（或者直接等待它的损害消退），不存在需要环境个体选择贪婪或者克制的持续博弈。

能让此个体也选择合作，然而预判多数人选择合作需要基于两点：要么是合作保障机制能带给其他个体足够的成本威慑；要么是其他个体具有足够的道德水平。

道德水平与集体理性的培养更多地牵扯道德与教育的领域，在此不做过多讨论。假设绝大多数人都为普通的理性人，更多依据利益与成本来做出行动选择，那么决定环境行为个体预判结果的依据是合作保障机制能否在环境博弈中切实地发挥效用。声誉机制在普通"囚徒困境"的解决中是相当有效的，因为重复博弈的必然，囚徒个体选择了背叛就面临着下次或者与他人合作可能性的急剧降低，也就意味着背叛的成本急剧升高。但面对环境问题时，个体与众多个体进行复合博弈，不同于行为人与单体或少数个体的简单博弈。单体或少数个体会因为个体的背叛而拒绝与之再次合作，但作为群体的众多个体集合是不会产生有关"个体背叛"的记忆的，即使记住了背叛，也无法拒绝与之再次合作。一是众多个体不可能清楚地了解某个个体的背叛行为并与之对应，他们只能注意到多数个体集体行动后的环境结果，例如我们永远不会关注美国某个人是否往大气排放了大量的二氧化碳，而只会关注美国的整体碳排量，从而也就无法记忆"个体背叛"；二是即使个体选择了背叛并被记忆，也无法拒绝与之第二次合作，这是因为在环境问题上的合作是人类被迫的、而不是可有可无的选择，例如紫金矿业曾经造成过重大的污染事故，我们依然需要指望它在未来的经营中保持克制的环境策略，所以背叛记忆也无法影响第二次合作的可能性。所以，在环境行为的"囚徒困境"中，单次背叛并不会影响二次合作，也就无法产生足够的行为成本，合作也就无法得到保障。如果国家或者政府试图建立起环境声誉机制来改变这一困境，则又会面临信息（声誉记录）的记载与传播需要高昂的社会成本的问题，最终收效甚微。可见，环境博弈的整体性极易导致环境行为人预判其他众多个体有可能会实施背叛行为，故而自己首先实施背叛行为。

合作途径在解决环境行为者的"囚徒困境"上面临极大的难题，如何破解这一难题，环境法学界进行了不少有益的探索。既然合作途径的难处在于环境博弈的整体性，我们在战术上可以考虑从打破其整体性入手。如果缩小环境博弈的圈子，环境个体不再面临广泛的复合博弈，情况是否会有所改变呢？假设环境博弈不再是广域的整体人类博弈，而是被限制到一个较为狭小的区域。"狭小"这个定语包含以下两个含义：首先，在这个区域内进行信息通讯的成本需要是可控的，也就是说这个区域的环境信息可以被充分交流，以及区域内的环境行为个体可以就合作意图进行交流，起码能了解区域内大多数人的意图。其次，这个区域需要小到可以构建起声誉机制，这里的声誉机制指的是混合声誉机制，个体与个体之间可以就一方在环境策略上的贪婪或者克制，降低或者提高其声誉，从而增加或者减少与其未来在经济、社会等领域合作的可能性。小区域内的个体可以充分了解另一个体是否实施了合作行为，并且可以将之与其他个体进行交流。建立声誉机制的关键在于可以成功了解与传播个体的声誉，即可担负的信息通讯成本，所以两者（声誉机制与信息通讯）对于博弈区域"狭小"的要求应当是一致的。在这个狭小的区域内，博弈重回普通的"囚徒困境"，环境行为个体也就会在信息通信条件与声誉机制的影响下，倾向于选择合作途径。缩小环境博弈的区域为合作途径解决环境个体的"囚徒困境"提供了可能，但如何做到这一点呢？毕竟从自然科学的角度看，环境问题是难以被分割处理的，孤立区域即使能创造再良好的环境，也会因为整体环境的恶化而被污染，所以缩小区域指的并不是将环境问题分割、封闭治理，而是指将原本针对所有人的集体环境行为管理进行分割。我国现行的环境法律体系，包括《环境保护法》及一系列环境单行法，[1]遵循的是不法惩罚，即直接规制个体环境行为的规制目标。法律为每个个体制定了准则与罚则，试图以管制手段强制环境行为个体进行合作，然而由于管制方式存在成本过高的问题，导致环境法难以真正有效地影响环境行为个体的抉择。同时，不法惩罚模式下的环境法调整的是个体的环境行为，形成了个体直接向法律（或国家）负责的管理体系。环境行为个体需要与整个环境法效力范围内的所有个体进行环境博弈，导致其陷入合作途径难以发挥

---

〔1〕 这里的环境单行法指的是《水污染防治法》《土壤污染防治法》等法律。

作用的环境"囚徒困境"。想要改变这种状态，让行为个体摆脱环境"囚徒困境"，就需要调整现行环境法直接责众的不法惩罚模式，分割环境行为管理范围，缩小环境博弈区域。

　　缩小环境博弈区域，首先需要为分割管理设立一个分割的标准，不同的合作保障机制需要适应不同的区域环境条件，如果仅仅是笼统在环境法中规定"依照合作保障机制的有效性"对环境行为管理进行分割，那么谁来评价"有效"？所谓"有效"，指的是合作保障机制能保证行为个体从环境"囚徒困境"中走出来，实施克制的环境策略，最终聚沙成塔，带来优良的环境品质的结果。如果由政府来评价，那么不可避免地会受到政府的主观意志影响。参考某些现行环境法的总量控制制度，由政府进行主观评价会导致政府权力的滥用，不能必然带来良好的环境保护效果。[1]所以遵循分割管理模式的途径设置环境法，需要明确评价是否"有效"的标准，不是任何一个主体的主观意志，而是优良环境品质的客观标准。自然科学为评价环境品质制定了一系列的环境标准，环境法要做的就是遵循这些标准，即根据"科学的环境质量目标"设置分割区域，对环境行为管理进行分割，并最终以优良的整体环境品质达到环境法的立法目

---

〔1〕　我国现有总量控制制度中，设置的控制标准有三类："依权力的控制指标""依自然的控制指标"和"依给定标准的控制指标"，其中第一种和第三种不会必然带来环境保护的良好成果。

标。以具体的环境质量目标来分割管理区域，既能避免任何
环境以外的主观意志干扰，也便于直观地判断分割范围是否
科学。这就是"环境质量目标"模式，它的实质是由法律
确定区域的环境质量目标，并围绕实现此目标设定区域管理
者的权利和义务，以及区域团体作为环境法人应当承担的责
任。它实质上改变了原本由环境法直接管理环境行为的方
式，缩小环境博弈区域，克服环境博弈整体性的难题，摆脱
环境行为人的"囚徒困境"。为环境区域设立了"环境质
量"标准之后，环境法应当围绕实现"环境质量"这一目
标进行改造。如果不法惩罚带来的是整体博弈，那么按照环
境质量目标改造后的环境法应当带来更狭小的区域博弈。这
就要求环境法不再直接管理个体的环境行为，而是划分环境
管理的区域，将原初管辖环境个体的具体权责交由区域的环
境管理者，例如地方政府，并将其定位为区域管理者。国家
通过法律为区域的管理者设置具体的、区域的环境保护目
标，放权让区域的管理者思考如何通过具体的制度设计、规
则制定、环境博弈来实现这个环境保护目标。区域管理者负
责具体调整个体的环境行为，意味着环境个体只需要面对区
域内的环境博弈。当区域的设定是科学的，也就是足够狭小
到各种合作保障机制可以充分发挥作用时，多数的环境个体
就会自发地选择克制策略。区域管理者还可以进一步下放权
力，让更狭小范围的区域管理者制定相关制度，鼓励环境个
体进行亲缘选择。值得补充的是，在各层次的管理区域里，

产权化手段可以寻找到自身成本可控的区域，并发挥作用。例如在一个城市内建立排污权交易市场，相较全国的排污权交易市场就更为可行，区域管理者比中央管理者更能了解环境的客观情况，保障市场的有效运行，原本很难实施的产权化制度就能很好地在一定区域内发生作用，有助于对抗环境问题。转变环境法的不法惩罚模式，不再设置个体的具体义务，转而为各个区域管理者制定科学的环境质量目标，这并不是要改变环境法的义务本位，而是将法定义务的主体从环境行为个体扩展到区域管理者。在现有的环境法律体系中，虽然区域管理者也需要为辖区内的环境质量承担责任，但它们更多地是为自己的执法负责。[1]它们并不真正关注自身辖区内的环境质量，而仅仅保证自己辖区内的违法环境行为得到惩罚。也就是说，在现有环境规制目标下，整体环境依然是一片"公地"，只有中央管理者真正为环境质量操心。在环境规制目标转变之后，区域管理者真正地"认领"了自己的环境辖区，它们必须为实现环境法为其制定的环境质量目标切实努力，区域环境成为一片片的"私地"，区域管理者被赋予管理的权力并需要为不利后果直接负责，区域管理者从原先的执法主体角色变成义务承担者，促使其真正关注自己辖区的环境质量，承担起保证整体环境行为有利于环境改善的重任，而不再仅仅按照中央管理者制定的规则对环

---

〔1〕 它表现为由职能部门用一般法律规则衡量自然人、法人的行为，对违反法律规定的行为，尤其是造成严重损害的行为实施惩罚。

境行为个体进行监督与惩罚，其环境行为由被动作为变为主动作为。相较于中央管理者，区域环境管理者能更好地解决自己辖区内的环境问题，因为它们可以采用的解决途径丰富得多，既可以为各环境行为主体量身定制更为科学的环境行为准则与罚则，也可以在自己的辖区内构建环境产权交易市场，更可以充分发挥合作机制的优势，让自己辖区内的环境行为个体选择克制策略从而走出"囚徒困境"。同时，分割后的区域团体作为法人形式的环境行为主体，在与周边其他主体在环境博弈中能够更有效地合作与作为，进而推动整体环境的不断改观。

第四章
环境质量目标的比较研究

　　在我国现有的《大气污染防治法》乃至环境保护法律体系中，已经有一些环境质量目标类的制度设置，虽然这些制度经验的得失可以说明环境质量目标确实有利于大气环境保护，然而却不足以充分验证环境质量目标是否可以担当起大气规制目标这一重任，完全以环境质量目标规制目标设置的《大气污染防治法》是否可行，以及是否真正有利于提升并保护大气环境质量。为了更充分地说明环境质量目标是最适合于《大气污染防治法》的规制目标，本章选取了美国《清洁空气法》（Clean Air Act，CAA）作为环境质量目标这一方案的比较研究素材。通过分析 CAA 的历史发展，试图说明美国《大气污染防治法》从不法惩罚规制目标向环境质量目标的转变的经历；通过分析 CAA 的实施效果，试图说明环境质量目标规制目标带来的是线性的大气环境质量上升；通过分析国家制定空气质量标准以及州政府独立实施大气环境保护两部分内容，试图说明 CAA 是如何通过法律设置环境质量目标以及政府为环境质量目标负责这两部分内容，从而实现环境质量目标的规制目标化；通过分析环境质量规制目标在 CAA 的成功经验以及案例，试图说明环境质量规制目标应当是我国《大气污染防治法》发展与改革的必然选择。

第一节 环境质量目标下《清洁空气法》 的成功

选取美国《清洁空气法》（CAA）作为本章研究的素材，是因为研究 CAA 可以依附于两个基本前提之上：一是 CAA 经历多年发展已经基本形成了以环境质量目标为规制目标的法律架构，与本书的解决方案保持了一致；二是 CAA 在不断自我修正与发展的过程中，法律实施的成效不断加强，这一点可以通过不断上升与持续良好的美国大气环境品质得以验证，这说明 CAA 这一部以环境质量目标为规制目标的《大气污染防治法》经过实践的检验，确实是行之有效的。

一、环境质量目标下的《清洁空气法》

美国具有相当悠久的大气环境立法的历史，最早的大气污染防治立法可以追溯到芝加哥和辛辛那提对于工业废气的处理条例，美国诸州和地区仿照这些条例建立了一系列的大气环境保护法律与法规，但是由于大气环境之间的区域影响性，这些以地区内划分的法律与法规不能有效地处理区域与区域之间的大气环境保护联动，从而难以获得足够理想的成效。随后，20世纪早中期美国各地产生了许多突发性的大气污染灾害，联邦政府认为必须在全国层面构建大气环境法律体系，对各州的大气环境保护活动进行统一而高效的规划，因此美国制定了第一部国家层面的大气环境立法——《空气污染控制法》。这部法律虽然是从国家层面对大气环境保护进行法律规制，然而仍然将联邦政府设置为各州大气环境保护活动的资金提供者，并不直接插手大气环境保护法律活动。由于这部法律依然不能有效地约束与统筹各州的大气环境保护法规与活动，因此美国大气污染仍然处于不断恶化的趋势。20世纪60年代美苏冷战时期，美国社会内有关公民权利、居民福利以及环境公共服务的压力空前强大，对于直接影响大众身体健康的大气污染问题受到了前所未有的关注，美国联邦政府在《空气污染控制法》的基础之上颁布了CAA的前身《空气质量控制法》。同时，美国国会在联邦层面开始关注大气环境质量的相关研究，并联合卫生部、教育部和公共福利部指导各州政府设立完善的大气环保制度，然而这部法律对各州的大气环境保护活动依然停留在指导层面而非有效的约束与统筹。

大气环境保护不同于其他环境保护领域的最大特点就是大气环境污染永远不会停留在一个固定的区域内，无论是正外部性还是负外部性的大气环境行为都会对整体大气环境产生后果。所以大气环境保护类法律必须是一个可以打破区域界线，由中央统一制定相关标准并协调实施的法律。基于这个认知，美国国会提出了《清洁空气法》（CAA）的提案，主要是为了解决《空气质量控制法》对于各区域的大气环境保护活动约束与统筹不力的困境，要求美国联邦环境保护部门独立地行使对全国的大气环境质量监控、规划、研究等职责，并通过制定具体大气环境目标的方式对混乱而不力的各州大气环境保护活动进行管理。CAA 最重要的进步就是确立了环境质量目标为规制目标，要求在联邦层面构建一个约束美国各州的大气环境质量标准体系，并且以各州的客观环境与发展程度为前提，赋予各州政府一系列的大气环境质量目标，要求各州政府在自身的权限范围内采取行动，从而为这一系列目标向联邦负责。CAA 的环境质量目标规制目标包含两个部分，一是由联邦环境保护总署根据该模式制定的国家大气环境质量标准，同时在这个标准体系基础之上为州政府制定了一系列的大气环境质量目标；二是同时赋予州政府独立实施大气环境保护的权力，以丰富而具体的法律规定确立并巩固了各州独立的地方立法与执法的权力，保证各州可以根据自身客观环境与条件自主地实施大气环境保护活动，从而最终实现联邦的大气环境质量目标。CAA 的出台迅速改变了美国大气环境保护活动的秩序，联邦环境保护总署随之成立，针对一氧化碳、氮氧化物、空气污染微粒、铅、二氧化硫与臭氧等大气污染的主要污染物制定了联邦层面的大气环境质量标准，并根据各州的实际情况不同，将之区分为严格的首要大气环境质量目标与较为宽松的次要大气环境质量目标，各州依据不同层次的大气环境质量目标在自己辖区内实施大气立法、执法活动。

20世纪70年代，CAA基本确立了美国大气环境保护的管理体系，即联邦设置标准与目标，地方政府实现目标，并在此体系中建立了一系列制度与程序。例如，大气固定污染源的防治制度、大气环境质量监测制度以及大气环境质量标准的制定程序等。随着工业技术的飞速发展与经济水平的不断提高，又出现了光污染等新兴大气污染，从而使地方政府急需更为详尽与更为科学的环境质量标准与目标。为此，美国联邦政府又出台了CAA的修正案，修正案在坚持"国家制定大气环境质量标准与目标"与"州政府独立实施"两大原则的基础上，对新兴大气污染源制定了一系列的环境质量标准与目标。相较于传统污染源的标准与目标，修正案新增的标准更为宽松，目标期限更为长久，相当于给予了州政府更大的自主实施大气环境保护的权力与空间。在修正案出台的同时，美国国会还提出了进一步的规划，预计会在五年之内根据全国实际的大气环境质量状况，对CAA作出进一步的修正与调整。虽然由于后期美国政治体制内的某些客观原因，这一规划并没能得以真正实现，但各州在自身区域内的大气环境保护活动一直在持续进步。例如旧金山政府就根据本地区特点，制定了更为严格的大气环境质量标准，在联邦法律没有任何变动的情况下，逐年降低了自身辖区内的大气污染排放，将自身辖区内的大气环境质量提升至远高于联邦要求的大气环境质量目标之上。这充分说明环境质量目标规制目标下的"州政府独立实施"原则能有效且持续地激励地方政府的大气环境保护动力，而"国家制定大气环境质量标准与目标"原则能确保地方政府的大气环境保护行为的底线不低于联邦政府预期的法律目标。

二、《清洁空气法》的成效

CAA 实施后的美国打破了"经济发展与环境保护是相悖逆的"这种所谓的共识，从 1970 年（CAA 诞生之时）到 2014 年间，美国生产总值增长了 238%，但全国大气污染中六种主要污染物（悬浮颗粒、铅、臭氧、一氧化碳、二氧化氮和二氧化硫）的大气环境含量平均下降了 69%。具体来说，铅含量下降了 98%；一氧化碳含量下降了 85%；二氧化硫含量下降了 80%；二氧化氮含量下降了 60%；臭氧含量下降了 33%；细悬浮颗粒浓度下降 36%；粗悬浮颗粒浓度下降了 30%。[1]根据 CAA 设置的二级国家大气环境质量标准来评判，美国绝大多数的州都经历了从不达标到达标

---

〔1〕 数据来源于美国环保局（EPA）空气动态网站，载 https://www.epa.gov/air-trends，最后访问日期：2019 年 8 月 4 日，本章后续数据除特别标出外皆来源于同一数据源。

的转变。例如 1991 年尚有 41 个州的大气一氧化碳含量超标，但到了 2014 年这 41 个州全部达到了国家大气环境一氧化碳含量标准，虽然这些州的汽车保有量一直处于稳步上升的趋势，然而在 CAA 的指导下，州政府对新汽车的一氧化碳排放标准的设置不断严格，不仅淘汰了含铅汽油，还强化了能源转化率，减少了废气的排放。基于 CAA 的成功经验，美国环境保护局局长吉娜·麦卡锡（Gina McCarthy）在 2014 年接受英国《卫报》采访时自豪地宣称："《清洁空气法》的经验表明，保护公众健康与发展经济可以齐头并进。"

CAA 实施后对美国大气环境产生的积极效果，可以通过两方面来加以说明：一是大气污染物排放的急剧减少，二是整体大气环境质量的快速上升。大气污染物排放水平的变化包括机动车船废气排放、发电厂和工厂的废气排放以及温室气体排放等。CAA 制定了联邦级的机动车船废气排放标准，各州以此为标准制定了更为严格的机动车船废气排放标准，强化了汽车与船舶性能与技术的提升，从而使 2014 年 99%的轿车、越野车、皮卡、重型卡车和公交车在机动车主要污染物（碳氢化合物、一氧化碳、氮氧化物和颗粒物）的排放上远远低于 1970 年的车辆；其他非道路机动车（例如拖拉机和铲车）也被要求实施与道路机动车相同的废气排放标准；2014 年 90%的商业船只（非远洋）在大气颗粒物的排放上低于 1970 年的船只；商业船只（远洋）被要求实施与商业船只（非远洋）相同的大气颗粒物排放标准；2014 年 90 汽油的含硫量与 99% 柴油的含硫量低于 1970 年的油品，全国整体机动车废气排放与机动车行驶里程成线性递减关系（含预测）（见图 4-1）。CAA 要求发电厂的建设必须建立在大气污染物排放达标的基础上，最终确保发电数量的增加与公众健康保护并行。在污染严重地区禁止建立发电厂或工厂，在允许建厂地区的厂房必须具有最高水平的环境保护设备与措施，例如，火力发电厂必须具有能处理排放废气中 98% 的二氧化氯与 90% 的氮氧化物的能力。针对发电厂与工厂的标准要求由法律制定并由环保局确保实施，而州政府与地方当局可以设立更严格的标准，并自主通过审批或其他方式确保其得以实现。发电厂与工厂废气排放的急剧减少带来最显著的效果就是大气中硫沉降（导致大气酸化）程度的减轻，从而大幅降低了酸雨的可能性。据统计，1989 年至 1991 年、2009 年至 2011 年美国总体酸雨区域减少了 55%（见图 4-2）。CAA 将温室气体排放标准独立于机动车船与发电厂、工厂的废气排放标准之外，是因为根据 2009 年美国环保局完成的科学调查显示，温室效应的危害相较于传统大气污染危害更为显著，需要更为严格的管控与防治。[1] 美国环保局与国家公路交通安全管理局合作，根据

---

〔1〕 Endangerment and Cause or Contribute Findings for Greenhouse Gases under the Section 202（a）of the Clean Air Act. https://www. epa. gov/climatechange/endangerment - and - cause - or - contribute - findings - greenhouse - gases - under - section - 202a，最后访问日期：2019 年 8 月 3 日。

车型年份（2012 年至 2016 年和 2017 年至 2025 年）设置机动车温室气体排放和燃油利用率标准，预计减少石油消耗 120 亿桶，减少温室气体排放 60 亿吨。同时，从 2011 年 1 月开始，EPA 为发电厂和工厂设置了新的温室气体排放标准，并于 2015 年 8 月 3 日与时任总统奥巴马共同发布了《清洁能源计划》，迈出了历史性的一步。

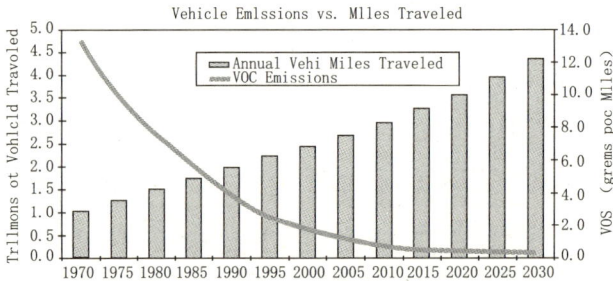

图 4-1

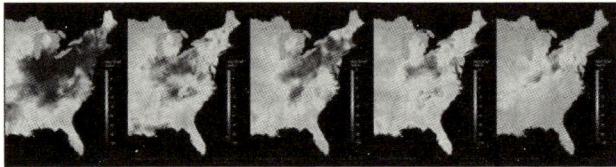

图 4-2

整体大气环境质量的变化体现在直接的大气污染损害、美国人健康风险和减少污染的成本效益比等方面。CAA 实施后的美国大气环境质量显著变好，除几大主要污染物指标以外，还包括许多无法直接量化的大气生态水平的提升。例如，保护了森林、湖泊中的动植物健康，提升了土壤中的养分，减少了食物链中的有毒物质积聚等。大气环境质量的显著变好直接降低了美国人的健康风险，根据 2011 年 3 月环保局进行的一项调查显示，CAA 的实施获得了极大的社会健康效益（含预测）（见图 4-3）。[1]除此之外，据 1997 年 EPA 提交美国国会的报告显示，仅在 1990 年，CAA 的实施阻止了约 20 500 例因为大气污染可能造成的死亡，1 040 000 例因为暴露在含铅大气中可能发生的儿童智商降低以及数百万例其他可能发生的健康危害。[2]CAA 一方面带来巨大的生态以及健康利益，另一方面又急剧减少了大气环境保护所需要耗费的成本。美国国会于 1991 年成立了一个包含著名经济学家、科学家和公共卫生专家在内的专业调查小组，多年来一直持续地对大气环境保护的成本效益比进行调查与计算。据计算，CAA 使 1990 至 2011 年美国大气环保行为的成本效益比增加到平均 30∶1，最高效益比的环保行为高达 90∶1，最低效益比的环保行为也有 3∶1，预计到 2020 年大气环保行为将获得超过 20 000 亿美元的效益。并且，美国普通家庭是这些巨大收益的直接受益者，1991 年后的美国家庭的

〔1〕 Benefits and Costs of the Clean Air Act 1990-2020, the Second Prospective Study. https://www. epa. gov/clean-air-act-overview/benefits-and-costs-clean-air-act-1990-2020-second-prospective-study，最后访问日期：2019 年 8 月 4 日。

〔2〕 Benefits and Costs of the Clean Air Act, 1970 to 1990 - Study Design and Summary of Results. https://www. epa. gov/clean-air-act-overview/benefits-and-costs-clean-air-act-1970-1990-study-design-and-summary-results，最后访问日期：2019 年 8 月 4 日。

经济福利连年增加，这是因为清洁的大气意味着更少的与大气污染有关的疾病，美国公民花费在医疗上的开支与工作的缺勤率就大幅降低了，美国家庭的经济福利就获得了显著提高。据调查小组的估计，仅美国家庭的经济福利收益就超过了控制大气污染的成本支出。

⇕ Health Effect Reductions (PM2.5 & Ozone Only)	⇕ Pollutant(s)	⇕ Year 2010	⇕ Year 2020
PM2.5 Adult Mortality	PM	160,000	230,000
PM2.5 Infant Mortality	PM	230	280
Ozone Mortality	Ozone	4,300	7,100
Chronic Bronchitis	PM	54,000	75,000
Acute Bronchitis	PM	130,000	180,000
Acute Myocardial Infarction	PM	130,000	200,000
Asthma Excaberation	PM	1,700,000	2,400,000
Hospital Admissions	PM, Ozone	86,000	135,000
Emergency Room Visits	PM, Ozone	86,000	120,000
Restricted Activity Days	PM, Ozone	84,000,000	110,000,000
School Loss Days	Ozone	3,200,000	5,400,000
Lost Work Days	PM	13,000,000	17,000,000

图 4-3

第二节　《清洁空气法》贯彻环境质量目标的经验

通过对 CAA 的历史发展与实施效果的研究可以发现：CAA 的前身是不法惩罚下的大气污染防治法，但实施效果并不理想；CAA 的诞生确立了美国以环境质量目标设置《大气污染防治法》的规制目标的思路，并由此取得了巨大的成效。CAA 的成功经验给予了我国大气立法以革命性的启迪，环境质量规制目标下的大气污染防治法能有效地改善以往不法惩罚规制目标带来的弊端，成功地将立法者的目标预期转化为大气保护的成果。环境质量目标一般分为两个部分：法律设置环境标准以及标准之上的目标，地方政府调控个体环境行为并对环境目标负责。CAA 的环境质量目标规制目标明确地按照这一逻辑确立了两大原则："国家质量标准原则"与"州政府独立实施原则"。本节将会对这两大原则进行详细论述，分析 CAA 贯彻环境质量目标的方式，从而对前文提出的解决方案进行验证。

一、国家空气质量标准原则

CAA 最为基础、最为关键的原则是它在立法之初就确立的"国家空气质量标准原则"，这一原则的内容是美国联邦政府通过 CAA 制定全国范围内的空气质量标准，并将其作为每个州或者地区最终大气环境保护方案的基础。其原则意图是通过建构一个覆盖美联邦的大气质量标准体系，为国内的所有大气环境保护行动提供一个标准与目标起点；在大气质量标准体系的基础上，州政府根据自身的客观情况与已有条件设立不同的实施措施与方案，最终达到 CAA 要求的大气环境质量标准（目标）。随着 CAA 的不断发展与进化，旧的环境质量标准或者污染物排放标准不断细化，新的环境质量标准或者污染物排放标准不断增加，原有的大气质量标准体系不断扩容，逐步成为美国环境保护法法律体系中最为核心的原则之一。针对不同污染物以及大气环境品质的不同方面，CAA 授权美国环保局制定了错落有致的各阶大气环境标准体系。但这些大气环境质量标准自身并不是直接可以付诸个体行为实践的规则标准，但它是州政府或者地方政府制定自身辖区内大气环境行为规则标准的下限。真正调控个体行为的是各级政府按照 CAA 的联邦大气质量标准体系为基础，自我创设的、具体的行为规范。

以大气污染物中的"危险污染物质"为例，CAA 第 108 条规定，美国环保局应当发布详细的大气危险污染物质表，将已有或潜在的侵害公共福利和公众健康的大气环境污染物详情进行陈述。被纳入列表中的污染物质应当符合 CAA 第 302 条 G 款的定义，即具有以下两大特征：该污染物的来源必须是多数或不同的污染源，单一污染源来源的污染物不能罗列其中；该污染物必须已经或者有充分证据证明未来可能侵害公共福利和公众健康。[1]这说明 CAA 将来源于多数或者不同的污染源的大气污染物与只在短暂时间出现和不会造成长久影响的大气污染物进行了区分，明确了这一环境标准的规制对象。对于 CAA 明确要求的规制对象，美国环保局必须在现有科学技术水平的极限下制定相应的"大气环境质量标准"，这一标准必须以公共福利与公众健康为第一出发点，而参与这部标准制定的主体不仅局限于环保局，还包括国家健康事业部、教育部、福利事业部等。正是因为这些标准的基础性，CAA 第 108 条所列举的大气污

---

〔1〕 CAA 第 108 条 A 第 2 款。

染物质被命名为"基本大气污染物",美国环保局以"基本大气污染物"为对象发布的法律文件被称作"基础性文件"。如果有新的大气污染物被添加进入"基本大气污染物",环保局必须在12个月内发布相应的"大气环境质量标准",并且这一标准的内容在宪法意义上是不可诉讼的。CAA第109条规定,美国环保局针对CAA第108条规定的各种大气污染物制定出的"大气环境质量标准",必须包含维护公众健康而严格设立的"首要国家空气质量标准"和维护公众福利而设的"次要国家空气质量标准"两类标准。"首要国家空气质量标准"是极其严格的大气环境质量标准,CAA规定:"首要国家空气质量标准"是指为保护公众健康所制定的国家领地附近范围内的空气质量要求,且这一要求应当足够严格以至于超出一般良好空气质量的要求。[1]严格的"首要国家空气质量标准"体现了CAA对风险预防理念的贯彻,因为美国环保局在法律实践中会把这一标准设置为即使对最敏感个体也不会产生任何负面影响的程度。"次要国家空气质量标准"是指为保护公共福利不受特定空气污染物质所产生的危害以及潜在危害的影响,所作出的国家领地附近空气范围内的空气质量要求。[2]CAA第302条将土壤、水源、野生动物、气象、经济价值、人类生活舒适度等因素包括在了"次要国家空气质量标准"所保护的

---

〔1〕 CAA第109条B第1款。
〔2〕 CAA第109条B第2款。

公共福利的定义之内。[1]因此 CAA 设立 "次要国家空气质量标准" 的规制目标是不直接影响公众健康但可能会对社会福利造成间接损害的大气污染，由此更加完善大气环境质量标准的覆盖度与系统性。

伴随着社会生产水平的不断提高与科学技术水平的持续发展，国家大气环境质量标准必须与时俱进地不断修正、革新，才能真正满足大气环境保护的需要。CAA 第 109 条第 d 款规定，美国环保局必须在每五年周期内对现有的国家大气环境质量标准进行审查，针对不合适以及欠缺的内容进行修订。在实际操作中，由于审查任务的内容过于烦琐、程序过于拖沓，美国环保局对国家大气环境质量标准的修订周期远远超过五年，只有在急需特殊污染物的限制或环境质量标准的紧急情况下，这一周期才可能被缩短。通常情况下，修订周期由以下三部分组成：科学评估阶段、政策审阅阶段以及实施评估阶段。科学评估阶段是基础阶段，美国环保局会搜集与整理大量技术手段与科学数据，并制成文件予以公开。此举的目的在于对可能对公共利益或大众健康构成影响的修订内容进行评估与分析，确保其修订的正当性与可行性。在公开期结束之后，环保局将分别审阅并整理所有的反馈与建议，发布权威的官方意见范本并形成初步的修订草案。随后，草案将送至依据 CAA 第 109 条第 d 款而设立的 "清洁

---

[1] CAA 第 302 条 A 第 2 款。

空气科学顾问委员会"（Clean Air Scientific Advisory Committee）予以审查，该委员会的组成成员一般包括环境保护组织与本次修订利益相关群体。美国环保局以及该委员会将会共同商讨并确定草案的相关内容，确保草案是最新科学技术的体现以及公众利益的最大折射，但最终的决策与审批者还是环保局自身。政策审阅阶段是中间阶段，当环保局开始了国家大气环境质量标准的修订工作时，相关部门会为环保局提供相应的政策辅助，这些辅助文件中包括了涉及的法律与政策、学术理论、科技信息以及程序流程等。环保局必须全面考量这些辅助文件的信息内容，结合自身制定的草案与公众反馈的意见，决定是否确实需要对现有的大气环境质量标准进行修订。如果确定修订，环保局必须首先确保可能的大气环境质量标准是符合法律与政策的，是满足公众健康与公共福利的。其次是依照 CAA 第 307 条规定，再重复一遍信息公开流程，对修改后的草案再次进行意见征集，才能发布最终的大气环境质量标准的修订文件。在整个政策审阅阶段中，环保局可以多次重复信息公开流程，以确保其切实符合大众利益。实施评估阶段是最终阶段，评估的内容是新的大气环境质量标准是否可能被各州予以落实，如何监督各州切实遵守这一标准等。评估的流程会与修订文件的完善同步进行，以确保公众反馈与专家意见能及时有效地被吸收进最新的信息与资料，从而使其更为切实客观地合适于科学。同时，成本效益比的评估是一项必须完成的重要内容，环保局必须向美国预算管理办公室提供详细的报告与文件，并吸收其反馈的意见。经过这三个阶段的反复研究、探讨与决策，最终的大气环境质量标准更科学、更公平、更可行且更有效率。

二、州政府独立实施原则

国家空气质量标准原则是 CAA 的基本原则，但它的实现离不开 CAA 另外一项基本原则"州政府独立实施原则"。这项原则是指州政府根据环保局制定的国家大气环境质量标准，在自身辖区内独立地行使大气环境保护的职责。CAA 规定，国家环保局制定大气环境质量标准体系之后，就对各州政府产生了目标约束的效力，各州的辖区就成为其实施大气环保行为的"责任区"，最终必须使大气环境质量达到国家大气环境质量标准之上。而在州自主实施大气环保行为的过程中，CAA 或环保局都不会也不能过多地予以干涉，无论是具体大气污染物的管理、防治、调控的计划，还是整体大气环境质量的监测、维护、改良的方案，国家环保局可以给予指导意见与建议，但无权强迫州政府必须实施何种具体行为。当然，这并不意味着环保局就完全与各州的大气环境保护行为无关。首先，环保局负责按照期限对州政府是否达到了自己制定的大气环境质量标准进行审查，并给予奖惩；其次，环保局仍然会通过审查各州制定的大气环境管理计划的科学性、可行性等，来实现监督各州的大气环境保护行为的目的；再次，对于某些特殊的个体环境行为，环保局仍然具有直接调控的权力，例如某些重污染的交通建设项目或者工业排污项目，环保局仍然可以直接要求其实施大气污染物排放的控制、削减，并对违反者予以惩戒。从历史的维度上看，"州政府独立实施原则"是 CAA 各种良好设计得以真正实现的关键性因素，真正让州政府既有充分的权力与空间实施符合自身条件的大气环保行为，又切实地让州政府为之负责，从而推动全国的大气环境质量逐步提升。

"州政府独立实施原则"的目的是使州政府的大气环保行为最终实现达到国家大气环境质量标准的结果，也就是说该原则的实质是州政府为具体的大气环境目标负责。从程序上来看，州政府必须在实施具体行动之前与之后都接受环保局的审查。在实施大气环保行为之前，州政府需要制定详细的管理计划，并向环保局进行申报，计划必须包含如何实现国家大气环境质量目标的流程，包括具体目标、实施方案、技术支持以及相关的可行性研究等。具体来说，该计划包含以下三部分：一是对于实现目标必须有详细的流程，即实施不同阶段的时间表；二是必须匹配科学检测的数据、相关的量化分析、标本的采集等，以确保环保局可以切实了解当地的大气环境客观状况；三是方案必须提供明确而有说服力的证据证明流程的可行以及必然可以在规定期限内实现大气环境目标。在实施大气环保行为之后，州政府必须再次向环保局提交报告，表明自己是否已经实现大气环境目标。报告必须有明确的科学数值标注，数值必须如实反映当地的大气环境质量，且数值样本足以用来做定量评估，严禁出现虚假、模糊或者样本不足的科学数值。美国环保局在审查州政府的报告时，会先对报告是否满足 CAA 预先设置的两大要素进行评估，即报告本身的完整性与科学性，从而决定是否实施对该报告的正式审查。在完成评估之后，环保局必须在 12 个月之内完成正式审查程序，以判断州政府是否真正达成了大气环境质量目标。审查结果包括：完全通过、完全不通过以及有条件的通过。有条件的通过是指州政府未能完全达成目标，但环保局可以暂时不给予其惩罚，条件是州政府必须在一年内达成相应目标。当州政府完全没能达到相应目标时，环保局应当出具"联邦行动计划"，对未能达标的州政府给予惩罚。[1]惩罚手段分为两种：一是禁止联邦交通部向违规州政府批准新的公共交通建设项目，禁止任何针对项目的资金支持。二是对于州内新设的污染排放单位设置加倍的排放削减规则。在审查结果完全不通过后的 8 个月内，环保局必须对未达标州政府实施两种惩罚手段中的任意一种，如果在 12 个月内地区大气环境质量仍未好转，则环保局必须同时采用两种惩罚手段。

为了更好地实现"国家空气质量标准"对"州独立实施"的监督与管控，CAA 还设立了一种特殊的制度——空气质量控制区（Air Quality Control Regions）制度。该制度

---

〔1〕 CAA 第 110 条 C 第 1 款。

的核心内容是由环保局与各地州政府共同协商，划定特别区域并单独确定区域内的大气环境质量目标。全美现有 63 个州际空气质量控制区与 247 个州内空气质量控制区，州内控制区的大气环境质量由州政府进行管理与调控，州际控制区的大气环境质量则由各州之间协商成立的联合管理委员会进行管理与调控。CAA 第 107 条规定，州政府可以在美国环保局的授权下，重新设置自身辖区内的空气质量控制区；跨区域的州际空气质量控制区的重新设置，则必须由该区域涉及的所有州共同协商进行确定。[1]根据区域内的大气环境质量是否达标，空气质量控制区可以分为三类，一是大气环境质量达标的达标区；二是大气环境质量未达标的未达标区，如果出现本区域大气环境质量达标，但区域内的污染却导致相邻区域的大气环境质量不达标，则该区域依然被判定为不达标区；三是通过现有科学技术确实无法准确判断大气环境质量是否达标的区域，则判定为未辨明区。三种达标结果之间可以通过两种方式进行转换：一是该区域的行政负责人向环保局提出更改达标结果的申请，如果获得批准则将在八个月内通过环保局的官方通告进行更改；二是环保局在监管过程中，发现该区域的达标结果确实需要更改，可以单独发布官方更改通告而无须依赖区域行政负责人的申请。但这种单方面的更改程序受到两种情况的制约：环保局不能将未达标区直接更改为未辨明区，也不能将未达标区直接更改为

---

〔1〕　CAA 第 107 条 E。

达标区。只有在未达标区依照"州政府独立实施原则",实施了有针对性的大气环境管理行为,并且取得了明显的大气环境改善结果(达到了环保局为其设立的大气环境质量标准)后,环保局才能将未达标区改为达标区。

CAA 除设置直接的空气质量控制区之外,还规定美国环保局可以视情况将某片区域界定为"空气污染流动区",指的是该区域内的大气污染情况有可能对其他州或全国的大气环境质量产生明显的副作用。[1]每一"空气污染流动区"都必须添设单独的管理机构,管理机构的运作必须同时具有国家环保局、州政府、地区内的行政机构等多方面的参与。该管理机构的职责在于准确监测并向环保局汇报区域内大气污染物流动及互相影响的程度,并提供控制其污染发展的相关方案。同时,环保局在接到该管理委员会的报告后必须在 8 个月内作出是否对该区域涉及的州政府大气环境保护工作进行调整与重新部署的决定,例如美国"东北部空气污染流动区"的管理机构就要求美国环保局对加利福尼亚州实施更为严格的大气污染防治标准,并直接导致环保局提升了加州汽车废气的排放标准要求。

第三节 环境质量目标的关键:权力义务的分配

CAA 能够有效地平衡美国联邦与州政府之间的权力与

---

[1] CAA 第 176 条 A。

义务，极大地改善与维持国内的大气环境质量，是因为它采取了以"国家空气质量标准原则"与"州政府独立实施原则"为基础的环境质量目标为规制目标。在这种规制目标下，代表国家法律的美国环保局与代表实际环境义务承担者的州政府之间，是互相依赖又互相独立的关系。地方政府对大气法律负责并受其制约，但并不是无条件地服从与依赖大气法。地方政府有权力，但是由大气法律授予的；大气法律是至高无上的，但不是无所不知的；大气法律有更高的权力，但不是无所不能的。本章前述的内容展示了 CAA 是如何为州政府设置大气环境目标，如何赋予州政府空间与权力，从而最终实现大气环境保护目的的过程。但作为与美国政治体制和法律体系并不完全相同的中国，单纯地模仿与照抄显然是不切合实际的。如果我国《大气污染防治法》试图明确自身的环境质量目标为规制目标，则更需要理解与借鉴当前美国州政府与环保局之间的关系，包括双方之间的依赖与掣肘，才能更好地设计出既贯彻环境质量目标理念、又贴合我国客观国情与生态现状的《大气污染防治法》。

一、权力与义务的分配

根据 CAA 的法律规定，美国环保局的工作是为特定的污染物（例如 SO_2 和 NO_x）发布全国大气环境质量标准（NAAQS），这一标准必须覆盖所有州的所有污染物，以确保标准能够满足每个州的大气污染控制需要。然而，CAA

也赋予了各州政府一定的权力与空间来调试这些标准以最大限度地满足自身大气环境保护的需要。美国最高法院对此解释说："只要州政府选择排放标准后的效应和国家大气环境质量标准是一致的，州政府就可以随意调整排放污染物的限值，以适应特殊的条件。"各州在自己的辖区内通过公布和推进"SIP（State Implementation Plans）"来履行大气环境责任，从而对大气污染进行调整与防控。SIP 是管理着整个州大气环境保护的方案，该方案必须通过环保局的审核，并由州政府随时进行修订。通常情况下，一个州的 SIP 包含为实现 NAAQS 这一目的的所有可操作内容："在其他的事情中，包括可实施的排放标准和其他控制手段、方法或技术对于满足本法规都是必要或合适的。""使用合适的设备、方法、系统和程序来监控、编辑和分析环境空气质量的数据"。但 CAA 并不能直接决定 SIP 的内容："环保局没有权力对一个州选择的排放标准提出质疑，只要它们属于 SIP 的一部分，且 SIP 满足法规中设定的标准。"也就是说，CAA 提供了 SIP 的目标和基本底线，但是各州有权力决定具体的实施方法和控制策略。当州政府对 SIP 进行修订时，无论是自发进行还是根据联邦 NAAQS 的修订而进行，都必须遵守特定的程序，美国最高法院将这种行为描述为"SIP 修订过程的严格性"。首先，州政府必须将 SIP 的位阶提升至州法规的高度，这意味着一个州对 SIP 的修订必须与其自身的法律与法规相一致；其次，CAA 还规定 SIP 的修订必须在进

行合理的公布和听证之后才能进行；再次，州政府完成修订
之后，必须将 SIP 提交给环保局进行批准。而环保局必须在
确定提交的文件满足环保局最低标准的 6 个月至 12 个月内
批准或者不批准这些修订。在实际操作中，环保局并不一定
会完全按照法规审批的程序回应 SIP 的修订，转而以发布一
些与 SIP 修订批准或未批准有关的通知或意见来加以代替。

一旦获得环保局批准，SIP 修订就会变成联邦强制执行
的法规，而环保局在决定 SIP 修订是否通过中自由裁量的空
间是有限的。美国最高法院对此解释为："清洁空气法关于
州政府最灵活的规定就是（州政府）可以通过对比清洁空
气法相关条款来获得方案的通过。"CAA 第 110 条是 SIP 修
订必须遵循的基础规则，这一条款的标题为"计划的修订
（Plan Revision）"，内容是环保局应当批准 SIP 的修订，除
非此修订违背了 NAAQS 中相关规定的适用或可能影响相关
规定未来的适用（如果现有技术水平下没有发现 SIP 的修订
对相关规定产生了干扰，那么判定为本修订的批准就不会对
相关规定产生影响）。如果 SIP 修订满足了 CAA 的这一要
求，那么环保局就必须批准。此外，如果此修订涉及发生于
NAAQS 一个规定向另一个规定转变，根据 CAA 第 110 条的
规定，它需要至少不违背 NAAQS 新旧规定中的一个。简言
之，除非环保局发现 SIP 的修订会使大气环境质量变得更
差，否则必须批准此修订。除了州政府向环保局递交 SIP 并
获得批准这一标准的 SIP 修订程序之外，在一些条件下，

CAA 还允许环保局赋权州政府自主修订 SIP，这就是特殊的"SIP Call"程序，它允许环保局要求各州修订自己的 SIP，以改正其不足之处。"SIP Call"在程序上是烦冗的，需要各州和环保局遵守相应的法规要求。例如，各州只有在被动获得通知的情况下才拥有这种改正 SIP 中不足的机会。非常重要的是，在"SIP Call"的情况下，州政府并不需要将 SIP 的修正案提交环保局进行审批，并且最终由州政府代替环保局公布确定的 SIP 修订。

CAA 设置下的美国环保局与州政府之间并不是单纯的上下位阶的关系，而是赋予了它们各自不同的权与义务，并确保权力与义务之间互相依赖、互相制衡。这样不仅使环保局能从具体而烦琐的大气环保实际事务中抽身，还能确保州政府真正地为大气环境质量负责。州政府与环保局之间更像是互相合作的关系，而非简单的从属关系。

二、权利义务分配的案例分析

亚拉巴马州政府曾经就 SIP 修订向环保局进行了多次申请，修订内容是关于如何利用亚拉巴马州的不透明排放标准来评价收集到的不透明污染物（Opacity）监控数据（COMS）。环保局认为此修订不会提高不透明排放标准的水平，并且符合 CAA 第 110 条的规定，因此在 2008 年批准了 SIP 的修订。一些环保团体曾对此申请行政复议，但环保局拒绝了他们的要求，因此这些团体对环保局提起了诉讼。诉讼之后，环保局对亚拉巴马州 SIP 的修订重新进行了审核，并撤销了原来的批准。理由是亚拉巴马州的 SIP 修订不符合 CAA 第 110 条的规定和环保局在 2008 年制定法规中的标准。环保局作出的改变没有参考任何数据或信息，只是基于重新对事实和法律基础进行的核查，也就是根据 CAA 第 110 条重新判定 SIP 的修订不符合要求。这与环保局在 2008 年作出的批准决定是完全相反的，环保局将 CAA 中第 110 条重新解释为："如果 SIP 的修订不符合相关的法律法规，或者与 CAA 中其他的要求发生了冲突，那么环保局就不会批准。"但实际情况是，在环保局批准 SIP 修订到后来撤销批准的两年半中，SIP 的修订已经完全生效，而且联邦政府也批准了亚拉巴马州的 SIP 修订。为了撤销此修订，环保局并没有遵循严格的"SIP Call"程序，只是单纯地宣布 SIP 的修订无法改善空气质量。轻率的改变可能会带来严重的后果，因为对 SIP 修订的批准和撤销决定都是环保局作出的，这意味着环保局可以在不遵循"SIP Call"程序的情况下撤销以前批准的 SIP 修订，甚至是数年之后的随意撤销。环保局的行为违反了联邦法院的决议，没有遵守必须被遵守的"SIP Call"程序，也就是说，环保局没有权力撤销已经生效的 SIP 修订。

在德克萨斯州，已经多次发生了环保局与地方政府关于 SIP 修订的矛盾。德克萨斯州政府曾要求环保局批准大量的 SIP 修订，但环保局已经驳回了很多 SIP 的修订。通过美国

第五巡回法庭的记录，可以回顾两个典型案例：第一个案例：合格设施案（Qualified Facilities）。德克萨斯州在 1996 年首次提交了 QF 计划，尽管 CAA 明确规定环保局必须在提交之后的 8 个月内作出批准或不批准的决定，但是环保局却用了 15 年时间才决定不批准此 SIP 的修订。QF 计划允许企业，比如发电厂通过合理的计划对设施进行较小的改造，或对少量的人员或操作进行改变，但这些变化不能导致整体排放的增加超过允许的范围。计划的用意是在鼓励企业在进行改造时执行最佳的控制技术。环保局在 2010 年没有批准 QF 计划，理由是：QF 计划虽然不会与 NAAQS 法规发生冲突（与环保局在亚拉巴马州对第 110 条进行的解释相同），但它无法满足环保局先前的一项法规"Minor NSR SIP 替代修订案"的要求。最后德克萨斯州政府向第五巡回法庭提出了申诉，法庭认为环保局的判断（QF 计划的决定没有很明确地遵循 Minor NSR 的要求）是对德克萨斯州法律的误解，德克萨斯州的环境法规并没有明确说明 QF 计划是否适用于 Minor NSR，最终结果应当根据德克萨斯州政府已经对此进行的统一解释为准，即 QF 计划符合 Minor NSR 的要求。因此，法庭判决环保局不批准 QF 计划就相当于干涉州政府对本州的管理。

第二个案例：污染控制计划案（Pollution Control Projects）。这是第一个由第五巡回法庭判决的、有关德克萨斯州 SIP 修订的案例。此次 SIP 的内容是德克萨斯州建立了污

染控制计划标准许可（PCP 标准许可）。PCP 标准许可允许
通过标准许可来加快对污染控制项目（PCP）的批准。德克
萨斯州的标准许可计划在 2003 年得到了环保局的批准，但
是直到 2010 年都没有得到实施。就在德克萨斯州开始执行
PCP 标准许可时，环保局撤销了对此许可的批准。环保局
认为，虽然 PCP 标准许可没有违反 CAA 与其他联邦法规，
但是 PCP 标准许可不符合环保局对德克萨斯州环境法规的
理解。例如，根据德克萨斯州环境法规的规定，单个的标准
许可必须存在类似的判例基础，但 PCP 标准许可由于所涵
盖资源类别比较宽泛，因此标准许可在确定主管部门的自由
裁决权时缺乏可借鉴的标准许可条件。德克萨斯州政府对环
保局撤销 PCP 标准许可的批准提出了诉讼，他们认为只要
本州的 SIP 修订满足了 CAA 的要求，那么环保局就必须批
准，并且环保局没有权力到别的地方寻找驳回德克萨斯州
SIP 修订案和替代政策的理由。在 2012 年 3 月 26 日发布的
判决中，美国最高法院第五巡回法庭同意了申请者的请求，
撤销环保局的决定，并责令环保局对此修订重新进行审查。
法庭对环保局使用外部法规标准来评判德克萨斯州 SIP 修订
案的行为进行了批评，认为 CAA 提供了一个互相协作又互
相制约的环境质量目标体系，各州制定自己辖区内的环保计
划并向环保局提交审批，环保局的作用仅仅是确保 SIP 的修
订与 CAA 的要求相一致。在环保局对 SIP 修订进行审查的
过程中，只要满足 CAA 的最低要求，就可以批准此修订，

而不需要对申请州的其他法规进行审查。

通过以上两个案例，可以清楚地发现 CAA 以环境质量目标为规制目标的精髓不仅在于其具体的法律与制度设置，更在于它为法律、生态环境部门与地方政府之间设置了一种科学、合理的权力与义务关系。在传统的不法惩罚下，法律与代表法律的生态环境部门像是一位"皇帝"，高高在上地发布着并不一定正确却必须执行的"圣旨"，并可以任意插手与要求地方政府对"圣旨"的执行。而 CAA 设置下的法律更多的职责在于规定程序而非实体规则，生态环境部门的角色类似于"法官"，地方政府的角色类似于"诉讼主体"，"法官"按照法律规定的程序对"诉讼主体"的请求进行裁决，但并不具有无限的裁量权，它只是法律程序的"搬运工"。这样的关系设置更符合现代法治精神，也更满足发展的环境保护需求。

第五章
环境质量目标的实践建议

虽然包括《大气污染防治法》在内的环境法已经在环境质量目标上做了不少有益的尝试，然而想要在整个环境法律体系上贯彻环境质量目标仍然任重道远。在建立系统而科学、完全以环境质量目标设立的整套环境法律系统之前，可以先尝试对《大气污染防治法》进行以环境质量目标为规制目标的改良。

第一节　改变规制目标的认知

以行为人"不犯"为直接规制目标是法律的常规设计模式，刑法、种类繁多的行政法都是通过迫使或促使行为人"不犯"来实现自身的法律目标。正是因为许多法律都以行为人"不犯"为直接规制目标，具体都表现为法律设置上的行为规则和罚则，不少学者与公众直接将法律等同于

"惩罚不法"的规则，认为法律的内容主要是设置个体行为规则与罚则，而不能承担起其他的任务。这种认知显然犯了经验主义的错误，虽然现有的法律以惩罚个体不法行为为主要内容，但并不意味着古今中外漫长的法律史上没有出现过以其他内容为主，例如以设置目标为主要内容的规制目标。华夏五千年，尽管不少学者认为封建史上的"律"并不完全是现代意义上的法律，但不可否认的是它的主要内容与现代法律具有高度的相似性（设置行为准则与罚则），也在一定程度上起到了现代法律的作用（调控社会秩序）。不少有关中国法制史的研究通过探讨古代律文设置与社会实施效果之间的联系，来为现代法律规则的设置提供借鉴，因此如果中国法制史上曾经出现过以设置目标为内容的律，那么也能为现代法律实施环境质量目标提供经验借鉴。据《史记》记载，战国时期法家的代表人物商鞅曾提出"徙木赏金"之律，原文如下："令既具，未布。恐民之不信己，乃立三丈之木于国都市南门，募民有能徙之北门者，予十金。民怪之，莫敢徙。复曰：'能徙者，予五十金。'有一人徙之，辄予五十金，以明不欺。卒下令。"[1]翻译后的意思是：（商鞅）已经将变法的法令准备妥当，但未予以公布。因为担忧百姓不信任自己，就在国都集市的南门竖起一根三丈高的木头，告知谁有能力将这根木头搬到北门，就奖赏十金。百姓对此十分怀疑，又不敢随意搬动。（商鞅）又再次告

---

[1]《史记·商君列传》。

知，奖赏能搬动这根木头的人五十金。结果有一个人搬动了木头，于是立刻奖赏给他五十金，表示自己绝对不会欺骗百姓。然后（商鞅）颁布了变法的法令。在将"三丈之木由南门徙置北门"并"予五十金"这一法令中，虽然有奖惩规定"予五十金"，但与这个奖惩规定相对应的却不是行为规则，而是一项具体的任务——将"三丈之木"由南门"徙置北门"。在当时的情景下，这项法令并不符合古代律的传统：其一，移动三丈之木并不是为了增加社会物质财富或者满足百姓的精神需求，与传统法的价值取向不符；其二，任务的成本支出与获得收益不符，就百姓的角度，低成本的付出和高昂的收益往往意味着获得收益的潜在风险过高，就政府的角度，几乎为零的收益和一定程度的成本意味着自身的经济损失。因此，"徙木赏金"并不是依照价值需求或者利益驱动而演化出的一条行为规则。此外，"徙木"不是具有反复适用特征的行为规则，还因为它不包含鼓励百姓经常"将三丈之木由南门徙置北门"，或要求百姓必须每日或每家都要"将三丈之木由南门徙置北门"的用意。这道法令的全部内容就是赋予一项具体的任务：将一根特定的三丈之木在特定时期由南门徙置北门。而在这道法令的背后，还包含着一个更深层次的任务：让百姓相信后面将要颁布的变法法令，从而为后期的变法提供有力的社会支持。无论史学家对"徙木赏金"的评价是正面的"取信于民"还是负面的"愚民"，都不能否认这一项法令不仅达到了它内容中的直接目标，也成功地实现了它的深层次目标。由此可见，即使以设置目标为内容的法律不是法律的常态，但并不意味着这样的法律就必然不存在或必然不成功。当前社会最突出的问题之一就是环境问题，以环境质量目标为主要内容的环境法并不意味着以前或者未来的法律都必须如此进行设置，而是尝试以一种不同于传统的规制目标来应对特殊时期的具体问题。这一点与商鞅通过"徙木"这一具体任务来实现"取信于民"这一特殊目的有异曲同工之处。其实在现实生活中的各个领域以目标管理的方式进行行为管理是十分常见的，如民事、经济生活中的契约、承包合同和行政管理中的目标责任制等都是以目标为管理标的、只问结果不问过程的行为管理方式，这种方式在政治、军事、科研领域也不鲜见。法律在某种意义上说也与行政、契约一样属于一种特殊的行为管理方式，只是法律比其他方式更具强制性、权威性而已。因此以法律规制目标的方式从事行为管理并非什么新的创造。

除了改变"法律只能设置行为规则"这一认知以外，环境质量目标还要求我们改变另一认知："中央必须集权"。在传统法律关系中，中央与地方政府处于支配与被支配的地位，这是因为中央掌握了地方政府无可比拟的优势：其一，阶层控制优势，中央能以立法手段创设、改变或取消地方政府权限甚至其本身存在；其二，政治优势，中央政府是民主选举以后的产物，在政治上具有民主话语权的制高点；其三，财政优势，在我国现有的国税、地税分配体制下，中央可以通过财政补助牵制绝大多数地方政府的诉求；其四，宪法优势，在我国现有的行政体制下，中央通过宪法获得了绝大多数的权力；其五，资讯优势，这里的资讯指的不是区域内的客观情况或社会第一手资讯，而是指宏观的政策信息，中央掌握着决定发展与前进的资讯导向。正是由于中央与地方之间处于绝对优势的地位，我国绝大多数的法律都体现了地方政府对中央命令的服从，然而在环境保护法律关系中，单纯地服从中央并不能从根本上解决环境问题，环境法律需要一种"中央与地方分权"的规制目标。这种分权模式，应当建立在依法治国的社会基础之上，清晰地明确中央与地方各自的权利与责任，并通过立法、司法与执法等多方面予以表达。分权模式的前提是尊重法律的权威，中央与地方政府的权力与责任都来源于法律，权力配置和调整必须依照法律制定的程序，相应也受到法律的保护与制约。环境问题本身不仅仅是个体之间、个体与政府的博弈，也是地方政府与中央的博弈，以法律来进行分权可以有效地确立权力与职责的边界，避免权力模糊地带的过分博弈，强化地方政府对中央的信任，促进地方政府与地方政府之间的合作互动。一旦出现地方与中央或是地方与地方之间的冲突，按照法律设置的利益诉求机制与监控机制，可以有效地防止一方独大或是两败俱伤的局面。这种模式也是现代社会经济不断发展、公民社会不断进步、民主意识不断提高的一项产物，尤其是在面对环境问题这一现代问题时，任何包括法律手段在内的解决问题路径都应当符合我国客观国情的发展：其一，在环境法律中强调中央与地方分权，能适应经济社会的客观情景与发展趋势。分权的环境法能有效地调整社会各方利益，尤其是中央与地方之间的利益冲突，起到科学配置权力、平衡多方义务的作用。其二，以法律作为权力的来源与分配者是我国发展的必然所趋。其三，以法律分配权力是成本最为低廉的分配手段，法律可以提供明确的标准、科学的程度与准确的是非判断，节约了大量的社会资源，将社会资源运用到更为急需的环境保护的具体实践中。需要说明的是，环境质量目标强调中央与地方政府之间的分权，并非是刻意地降低中央的权威，而是研究与摸索如何在现有条件下，面对特殊时期的问题更好地维持、发挥中央的权威，以理性而科学的态度来"就事论事"。从环境保护是人类未来的唯一出路这一点上看，分权解决环境问题绝不会损害国家的整体利益，相反是维护国家整体利益的明智选择。环境质量目标下的环境法律体系确保了中央与地方政府的权力与责任都处于法律的框架之内，任何超越法律框架的权力行使都必须受到法律的惩罚，任何不必要的责任承担都不受到法律的保护。改变法律关系中"中央必须集权"这一传统认知，能更好地处理复杂环境问题中的各方矛盾与利益需求，从而实现整体环境质量的上升，最终维护国家的整体利益，也就维护了中央、地方政府与个体的自身利益。

　　自改革开放以来，我国整体社会都处于"摸着石头过河"的发展过程，面对环境问题这一新兴的社会问题，环境法律一直是基于经验的不断摸索，而不是工程思维下的直接建构。这并不是说，我国环境法律中不存在理性、事先、计划的设计，而是说环境法律很难事先设计好一个完整、详细、充分的法律基础体系，然后再在这个基础体系之上根据调控领域的不同制定出各类环境保护类法律。尤其是当我们考察了《大气污染防治法》这部法律的历史之后，会发现它更像是一种渐进的经验积累式的法律。这种经验积累式的法律发展在环境法律中表现为"成熟一个，制定一个""宜粗不宜细""先立单项法，后立综合法"等经验。尽管针对这些经验的质疑从未消失过，并且不可否认这些经验存在弊端，但更应该肯定的是，这些原则是我国立法者"在各种现实条件约束下作出的一种理性选择"[1]。它们基于不同的出发点，例如基于政治风险的降低，确保我国改革开放的顺利实施；或者是克制理性的思考，为了防止激烈改革的传统崩析；再或者是考虑到我国人均资源的极度匮乏，且百姓当下最关注的是物质生活水平的提升。总而言之，它们是代表着一种"理性的保守"，事先可以根据应然状况而设计出一套完整的法律体系与制度固然是理想的，但就社会主义法律体系这一前人未曾走过的路与环境问题这一前人从未面临

　　〔1〕　黄文艺："信息不充分条件下的立法策略——从信息约束角度对全国人大常委会立法政策的解读"，载《中国法学》2009年第3期。

过的问题而言，这种理想的完美思路是不切实际的。彭真同志曾经说过："对新的重大问题、重要改革，要立法，一般需要一个探索、试验阶段，即实际准备过程。"[1]我国环境法从根本上来说是一种试验主义，试验主义与秉持真理学说的确定主义不同，也是一种基于行动的改革哲学，它是一种没有更好选择之下的唯一可取的选择。作为环境法分支的《大气污染防治法》，抛弃不法惩罚规制目标，转而选择以环境质量目标为规制目标，是一条人类尚未完全走过的道路，但也是人类目前唯一可以选择并且寄希望于此的道路。因为大气环境保护是人类被迫为求生而迈出的一步，而不是为人类文明锦上添花的选择。在大气污染已经严重到危害每一个国人身体健康的当下，修复与保护大气的环境品质应当是每一个立法者在制定大气相关法律时的首要共识。传统的规制目标已经被证实不足以完成这一立法目标，那么就必须改变不法惩罚是唯一规制目标的认知与理念，转而认知并接受环境质量目标式的规制目标。环境质量目标不是按"设定行为规则——惩罚违反者"这一逻辑展开的，而是直接要求实现目标——良好的大气环境品质。如果实现了这个任务目标，《大气污染防治法》的全部价值就完全实现了。

---

[1] 彭真：《论新时期的社会主义民主与法制建设》，中央文献出版社1989年版，第27页。

第二节 明确政府为大气环境质量负责

大气环境质量如同其他的生态环境质量一样，都具有公共物品的属性。这些环境公共物品起源于地球生态环境的自发产生，但在环境危机突显的当下却极度依赖人类附加于其上的劳动价值。这里所说的劳动价值包含两种：一种是保持或者保存的付出，大气环境资源由于其气态的存在，导致没有特定的个体可以依靠产权或其他手段来占有并获得特定的收益，而是被所有人类个体一同共享并无须支付相应的对价。这种公共占有并受益的情景导致大气环境资源产生了环境的"公地悲剧"，表现为所有利用大气环境的个体都尽可能地多消费资源而不注重对资源的保护与再生，最终导致整体大气环境质量的显著下降，因此社会必须投入大量的资源用以大气环境质量的保持与大气环境资源的保存。另一种是提高或者再生的付出，大气环境一旦被破坏或者污染，只有通过人类的改善与管理行为才能重新恢复到可以为个体提供环境利益的水平。大气环境的破坏和污染是个体行为在整体上体现出的负外部性，而改善与管理大气环境的行为是社会的正外部性行为。虽然在现有的大气污染防治法律设置下，对大气环境造成污染的个体应当承担社会因此遭受的损失，但在具体实践中，因为立法、司法、执法上的种种矛盾与瑕疵，导致污染个体并不需要完全为自身的污染行为负责，最终还是需要由社会支付相应的成本来提高大气环境质量与再生大气环境资源。大气环境资源最根本的属性还是它的资源属性，在大气生态角度来说就是其生态效能，在人类个体角度来说就是其满足人生存与发展的价值属性。在单位时间内的科学技术与生产力水平条件下，大气环境价值的高低取决于大气生态环境本身的环境质量水平，良好环境质量水平的大气生态环境对于整个社会来说是必不可少的，因此从价值高低与受益广狭角度来说，只有也必须由政府来管理与处分大气环境资源。地方政府作为政府实施公共物品管理的直接行为人，有责任从自身辖区内的公众利益出发对大气环境实施妥善的处分与良好的保护。但是，由于地方政府同样承担着自身辖区内公众生活水平的提升与整体社会物质资料的丰富这两大生产职能，也需要通过消费大气环境资源来确保生产活动的继续与发展。两者权衡之下，大气环境保护职责往往最终被牺牲，导致大气环境整体破坏且公众身体健康与整体福利受损。并且，由于现有的大气环境资源尚未形成有效的市场交易机制，所以具体处分中的分配者依然是地方政府。无论是从大气环境的公共属性出发，还是从大气环境的价值与现有分配机制上考虑，政府都是唯一可能为之负责的责任人，而负责的内容就是确保大气生态环境能持续地为公众提供生存与发展所必需的利益。

政府对这种负责的承诺与其他负责（例如维护公共治安）的承诺是一样的，最终的目的都是确保公众利益，从而获得公众良好的反馈。但不同的是，大气环境负责并不能直接通过公众的反馈来进行评价，因为公众评价存在"短视"的弊端，而需要以大气环境质量的水平高低来进行评价。大气环境质量标准是根据人的健康与发展、社会和谐、经济可持续发展等多方面因素考量，在大气生态承载力的可容纳范围之内制定出的、可正确评价大气环境好坏的客观标准。政府在大气环境上的负责，就是将其转化为大气环境治理的直接责任人，任务是必须把大气污染的程度治理到符合大气环境质量标准。如果随着社会发展或客观情况的转变，大气环境质量标准改变了，那么政府的大气环境责任也随之提升。如果说政府以往的行政目标并不直接包括环境质量目标，那么现代政府的行政目标不仅包括而且必须以环境质量目标作为基础之一，因为环境这个公共物品已经呈现出稀缺并受损的状态，已经切实损害了公众的切身利益。政府对包括大气环境在内的环境负责，提供符合公众切实需要的环境资源，就要求政府必须为之作出努力，保证环境质量处于并保持良好的状态。而作为社会调控总机制的法律，必须为政府的环境责任提供不同的环境目标，例如，环保设施建设目标、污染控制与治理目标、环境水平保持目标等，确定并分配不同时期、不同地域、不同内容的环境目标应当是环境法最主要的工作与目的。而目标无论如何改变、如何分配、如何细化，它的承担者都应当是政府，因为所有目标都最终汇聚成一个整体的环境目标，例如《大气污染防治法》的所有目标都汇聚成大气环境质量提升这一总目标，试图依靠生态环境部门或者其他个别部门实现这一目标是远远不够的，只有政府这个统筹全局的实际行政者，才有可能通过策划、指挥、组织、协调、实施来最终实现这一目标。《大气污染防治法》应当明确将政府责任作为出发点，《大气污染防治法》第3条第2款规定："地方各级人民政府应当对本行政区域的大气环境质量负责，制定规划，采取措施，控制或者逐步削减大气污染物的排放量，使大气环境质量达到规定标准并逐步改善。"这说明《大气污染防治法》已经明确了，对大气环境质量承担责任的法律责任主体应当是政府。政府的含义是地区内的所有行政部门的最高统帅机构，而不是泛指分别的行政部门。通过政府环境责任获益的主体应当是包括所有个体在内的公众，以及代表公众利益集合的国家。

政府的大气环境质量责任主要包含七个部分：

第一部分是政府需要在宏观政策上确保大气环境质量目标的达成。地方政府在制定本辖区整体的宏观政策上，需要经济发展、社会和谐与大气环境保护的有机结合，对三者进行通盘运筹，在大气生态环境的承载力之上，确保经济的快速发展、社会的繁荣稳定，调整经济产业的有序化与精细化，确保发展的可持续与大气环境生态的新陈代谢。

第二部分是政府需要完善大气环境质量标准体系。大气环境质量的保持必须有相应的科学指标进行监测、引导和调整，《大气污染防治法》设立的整体大气环境质量标准体系并不一定是准确、先进的，需要政府不断地通过自身的实践来进行反馈与调整，主要包括承继并细化整体大气环境质量标准体系，并将之转化为自身可以实践的大气环境质量标准，例如，区域大气环境质量标准、区域大气污染物排放标准、大气环境设备标准以及特殊地区大气环境基础标准等，并及时向中央政府进行反馈、提供建议。

第三部分是政府需要确保大气环境保护有必要且充足的资金来源。财政预算统筹是政府的必要职责之一，在进行财政运算统筹时，政府必须保证存留符合当地大气环境保护客观需要的资金，用于相应的大气环境保护行动，例如，设立大气废气处理设施、完善大气环境基础设施建设、划定大气保护领域、确立各行各业的大气环境行为标准并监督实施、组织各方面力量进行交通废气排放治理等。

第四部分是政府需要协调大气环境活动时各方面的利益。环境利益与经济利益、个体利益与公众利益表现为既对立又统一的辩证关系，因此政府既不能单纯考虑经济发展而忽视了大气环境保护，也不能单纯、一味地就大气环境保护论大气环境保护，而需要考虑各方面的利益需求，结合并协调各方诉求，制定大气环境政策与开展大气环境保护工作。同时，大气环境保护也需要各方各界齐心协力，包括方向协调、资金协调、行为协调、地区协调与领域协调等，才能确保最终大气环境目标的实现。

第五部分是政府需要为正外部性的大气环境行为提供支

持。单纯的正外部性大气环境行为的效果是有限的，需要政府加以引导与支持，政府要为大气环境个体提供科学技术支持和倡导性的政策支持，确保个体的大气污染行为更能顺应正外部性的方向，例如，鼓励产业主进行大气污染防治、确保清洁生产以及实施大气环境保护行为，通过资金支持等激励产业实施顺应大气生态环境规律的生产与发展方式，建立大气环境信息公开制度，为公众维护自身利益提供大气环境公益诉讼途径等。

第六部分是政府需要合理地分配大气环境资源。在现有的、尚不健全的大气环境资源市场体制下，政府不仅需要为大气环境资源确定产权从而定纷止争，还需要为大气环境资源市场体制的发展与完善提供帮助，例如，确定何者分何者不分、分者分多少、分后如何交易、交易后如何行使，最终确保对大气环境资源的利用与对大气环境资源的保护相适应与相协调。

第七部分是政府需要作出重大的大气环境执法决议。许多大气环境执法决议不仅决定着企业的去留与存续，还决定着区域大气环境质量的优劣，从而最终决定未来个体的大气环境行为的方向与限度。这些都是政府必须实施的作为，包括对严重污染大气环境的产业进行处理与关闭决定，对紧急的大气环境突发事件进行应对，对严重违纪的大气环境执法工作人员进行处罚等。

职责不仅代表着政府应当做什么，还包含着政府可以做什么，即政府的大气环境权力不仅包括大气环境行政权，还包括大气环境民事权利。作为大气环境资源的代理者与分配者，当大气环境质量受到污染与大气环境资源受到破坏时，虽然政府可以通过一系列的大气环境行政行为来对其进行遏制与处理，但这些单纯的大气环境行政手段并不能完全处理所有的大气环境问题，例如，大气环境行政处罚不足以弥补个体负外部性的大气行为所造成的损失，或者个体可以逃避应当承担的责任与义务。如果发生了这些大气行政行为解决不了的大气环境问题，最终导致大气环境质量恶化与公众的利益受损，同时这些污染的直接责任人又逃避责任的承担，政府就必须代表公众利益对这些责任人进行追索。大气环境资源具有公共物品的属性，而政府作为公共物品的提供者理应代表国家与公众对大气环境资源进行代管，也就是在这些大气资源受到侵害时，政府作为代管者提起民事诉讼与寻求民事救济，不仅仅是政府的权利也是政府的义务。因为有产权的大气环境资源并不属于公共物品的范畴，如果禁止政府以大气环境资源代管者的身份提请民事诉讼，就会导致大气环境资源的民事权利主体的缺失，最终导致国家与公众的大气环境利益与权利受到侵害而无法救济。《大气污染防治法》应当明确政府必须为大气环境质量承担责任，并积极行使代表公众的大气环境权利。

第三节　围绕环境质量目标设置
《大气污染防治法》

　　想要在规制目标上贯彻环境质量目标，首先需要立法者设定一系列环境质量目标，并许可执法者为此目标采取行动。以污染物排放总量控制为例，控制总量是由有决定权的机关依法确定的，只要执法者通过控制措施有效地控制了各排放者的排放行为，实际排放总量就一定是小于或等于控制总量的一个量。实施总量控制制度，有效的执法必然产生小于或等于控制总量的实际排放总量；如果控制总量是按照某一环境质量目标设定的，有效的执法必然产生控制总量所体现的环境质量目标。在《大气污染防治法》中贯彻实施环境质量目标，法律直接关心的就不再是环境行为个体及其行为结果，而是区域乃至全国大气环境整体行为的总结果。"大气环境质量目标"是为所有个体（包括义务人与执法者）所共同设计的法律目标，最终控制的是所有义务人实施大气环境行为后的总结果。为了保证大气环境标准达到法律提出的标准，需要立法者将大气环境质量目标作为责任加诸执法者（例如地方政府）身上，而保证所有义务人的大气环境行为的最终结果满足法律规定的大气环境指标要求，执行手段不再是立法者向义务人提出的某种行为标准，而是对政府执法与管理行为进行引导。最终，"环境质量目标"

模式的《大气污染防治法》还是需要依靠控制义务人的行为来实现自己的法律目标。然而，立法者只需要考虑如何设置科学合理的大气环境标准，以及如何依照标准分配执法者的责任与权力，最终以结果成败论是非。《大气污染防治法》原本制定的对个体大气环境行为的规则与罚则应当全部交由执法者来制定与实施。

贯彻实施以环境质量目标为规制目标，不仅需要立法者将"环境质量目标"作为立法的根本与源头，还需要围绕"环境质量目标"设置一系列的具体制度，在这一点上，新修订的《大气污染防治法》作出了令人欣喜的改变。在一系列与环境质量目标相关的制度中，《大气污染防治法》首先设置了大气污染损害评估制度、大气环境监测制度这些直接提供大气环境质量标准的制度；其次设置了大气污染防治标准和限期达标规划、大气防治考核这些直接要求地方政府承担起大气环境质量责任的制度；再次还设置了总量控制、重点区域大气防治、区域联防联治三项制度。以大气环境质量标准为依据设置的排污总量控制制度是环境质量目标的一种制度践行，其成败取决于是否严格地以大气环境标准为唯一标准，在此不再做过多赘述。重点区域大气防治与区域联防联治属于区域性的制度践行，重点区域制度说明《大气污染防治法》的环境质量目标不是一视同仁的普遍标准，而是针对不同区域的客观地理、经济、社会状况，设置科学的、不同的区域性标准。环境质量目标不关注个体的环境行为，但并不意味着它只是一位高高在上的"君主"，它关注每一个区域的实际情况，让各区域的执法者承担起普遍但有区别的大气防治责任。区域联防联治制度也是同样，《大气污染防治法》尊重大气污染防治区域与区域之间互相影响的特点，不仅要求区域地方政府承担防治责任，也要求区域与区域的上级政府与部门承担防治责任，协同协力共治大气。当然，虽然修订后的《大气污染防治法》已经逐步实践了环境质量目标的制度建设，然而仍远远不够，即使在已建立的制度中，也存在一定的瑕疵。例如，在重点区域防治制度的设置中，作为大气受到严重污染的区域，理应执行更为严苛的防治标准与防治要求，然而在整个第五章中，无论是制定防治计划，提出任务和措施，编制规划，建立环境检测机制，都没有设置相对于一般区域更为严格的标准与要求，仅仅提到"进一步提高环境保护、能耗、安全、质量等要求"。其与《大气污染防治法》本身还没有明确将大气环境质量标准作为法律设置的第一目标与标准有关。一般标准尚未明确，更为严苛的标准与要求也只能是空谈。

良好的大气环境质量是公众健康与发展的基本需求，因此《大气污染防治法》的每一章节设置也需要体现大气环境质量目标这一原则。首先，政府不应掩饰当下大气环境质量下降的客观现状，反而应当一方面将之以合适的方式告知公众，一方面在科学技术的基础上对大气环境进行更多的科学研究，从而在此基础上提出有效的遏制大气环境质量下降的措施。这就要求《大气污染防治法》秉承新《环境保护法》第 39 条的规定，在具体的《大气污染防治法》设置中明确大气可能对健康造成的影响以及如何更有效地干预这些可能的影响。例如《大气污染防治法》可以针对现在蔓延全国的雾霾设立特别的影响与防治条款，确定雾霾等级与大气环境质量水平以及人体健康影响之间的关系，再根据干预后的大气环境质量水平以及公众健康状况来对地方政府防治雾霾的责任进行评价。《大气污染防治法》设立的大气环境标准，需要包括但不仅限于大气污染排放标准与大气环境质量标准，需要社会、经济、环境综合的标准体系，特别是当下《大气污染防治法》缺失的成本收益标准与大气对公众健康影响标准。此外，《大气污染防治法》如果想要确保将大气环境质量标准落实到每一个地方政府之上，就需要确立双线达标的思路：地方政府对自身辖区内一些重要的大气污染行为，要达到污染排放标准与整体大气环境质量实现某一水平的标准。再次，大气污染控制与大气环境质量保护的目标不仅需要具体的目标内容还需要确切的目标期限，从而真正落实地方政府的大气环境责任。《大气污染防治法》尤其应当注意将目标期限限定在大气污染可能造成的巨大损害之前，通过预防而非污染后的治理来确保将大气污染对公众健康与社会福利造成的损害降低到最小，鼓励并赋予地方政府权力对可能造成损害的大气环境问题尽早进行处理和应对，从而尽可能地避免因为没有及时应对 PM2.5 这一大气污染物的程序与标准，导致最终雾霾肆虐的悲剧重演。以氮氧化物为例，在"十一五"期间，《大气污染防治法》没有对大气环境中的氮氧化物这一污染物进行明确的排放目标设置，最终我国大气中的氮氧化物存量上升了37%。在未来的《大气污染防治法》与大气环境保护规划中，应当明确地方城市自身的氮氧化物排放标准与最终的大气氮氧化物存量标准，可以考虑规定在"十三五"期间确保绝大多数的地方城市中的大气氮氧化物存量水平达到二级空气环境标准。如果真的不能给予一些地方城市以完全精确的任务期限，则可以考虑设立逐步达标的大气环境质量目标程序，我国当下的客观情况是许多地方城市的大气环境质量都无法达到二级空气环境标准，因此有相当多的城市需要详细的逐步达标程序，这也是《大气污染防治法》必须要解决的关键性问题，也是将大气以环境质量目标为规制目标与我国现有的大气环境现状科学结合的必要一环，《大气污染防治法》应当设立单独的章节对尚未达到目标而又很难在短时间内达到目标的政府规定逐步达标的程序，例如分割每一步达标期限与达标路线。再次，《大气污染防治法》必须为应达标与未达标的地方政府规定相应的惩罚措施，对于已经达标或者确定可以在期限内达标的政府，《大气污染防治法》应当给予认可与奖励，对于不达标的地方政府，《大气污染防治法》应当明确予以警示与惩罚，例如一把手承担行政责任、对辖区内的产业发展实施限批、减少对地方政府的资金支持与财政拨款等。最后，由于现代产业发展的客观规律与大气环境的特殊属性，为了实现整体的大气环境质量目标，必须结合水污染防治与固体废弃物污染防治，防止它们进入大气转化为大气污染或是间接影响大气环境质量。总之，《大气污染防治法》需要从大气生态环境的整体属性出发来协调社会、经济、文化的方方面面，确保大气环境质量目标的达成。

明确了环境质量目标为《大气污染防治法》的整体规制目标，也为此模式设置了相应的制度支持之后，还需要合理地分配政府与行政部门的职责与权力。良好的大气品质最终还需要依靠控制个体的环境行为来实现，而个体的直接控制人是政府，政府既需要负担起区域内的大气防治责任，又需要被赋予灵活而充分的管理与执法权力。2014年我国《环境保护法》的修改把"强化政府责任"当作重点，[1]修改后的《环境保护法》对政府责任也真的实施了"强化"。[2]要求政府负责不是简单地把某种环境质量目标加在某个地方政府头上，一方面是主张让有能力对环境质量负责

〔1〕 汪光焘同志在第十一届全国人民代表大会常务委员会第二十八次会议上所作的关于修改《环境保护法》的《说明》中谈到，呼声比较强烈的修改建议包括"推动法律的实施和行政责任的落实"。参见汪光焘关于《中华人民共和国环境保护法修正案（草案）》的说明。

〔2〕《环境保护法》（2014年）不仅在《总则》章提出"各级人民政府应当对本行政区的环境质量负责"（第6条第2款）的要求，而且在《保护和改善环境》章对"地方各级人民政府"提出更具体的"改善环境质量"的要求，并规定："未达到国家环境质量标准的重点区域、流域的有关地方人民政府，应当制定限期达标规划，并采取措施按期达标。"（第28条）。

的政府去承担任务。一方面是为不同的区域大气环境质量目标来安排政府，而不仅仅借用国家已有的政治安排。例如，为跨区域的大气污染防治设置联防联治制度，其制度目标——跨区域的大气环境质量只能在跨越不同行政区的范围内实现。单独的地方政府没有能力对这种环境的质量目标负责，对此大气环境质量目标负责的恰当"政府"应当是其辖区覆盖环境所在区域的上级人民政府，或按区域管理需要建立的国家机关。要求政府向立法者负责，也需要赋予政府合适的权力。在传统的不法惩罚规制目标中，政府仅作为执法者的角色出现，需要的仅仅是负担"惩罚所有的不法行为"，缺乏真正执行大气环境标准的积极性。然而在以环境质量目标为规制目标下，政府直接对大气环境质量负责，不会轻易让大气污染防治的工作为包括发展当地经济的其他工作"让路"，所以以环境质量目标为规制目标能充分调动政府的执法积极性。同时，去除了《大气污染防治法》中直接针对个体环境行为的规则与罚则，将具体、细致的控制工作交由政府去设置与执行，就为政府的积极执法提供了充分的发挥空间。政府可以针对自己辖区内的地理、社会、经济情况，设置科学而合适的管理与执法措施，避免立法者对地方客观情况不了解而造成的干扰，立法者与政府各司其职，最终实现预期的大气环境质量目标。

第四节　建立科学的大气环境质量标准体系

大气生态环境是人类生存与发展的客观基础，如何提升并保持大气环境质量于一个良好的标准之上是事关民生的社会基本问题。《大气污染防治法》的法律目的就是实现良好的大气环境质量从而最终解决大气环境问题。评价大气环境质量的是人为设置的大气环境质量标准，也就是说《大气污染防治法》实施以环境质量目标为规制目标的基础工作时建立科学的大气环境质量标准。设立这一标准体系，方能确立《大气污染防治法》的大气环保工作方向与具体大气环境任务目标，因此它并不是一个简单的科学技术工作，而是需要通过这一基础工作来最终解决一系列与大气环境有关的社会问题与环境问题。大气环境质量是指相对于人类的需求而言的大气环境适宜程度。由此可以将大气环境质量标准定义为：以实现人体健康、大气生态环境平衡与社会可持续发展为最终目的，由权力机关在平衡经济发展与大气环境保护要求之后，对大气环境中的各种有害物质浓度与存量、大气生态的平衡与协调、个体大气环境行为标准所作的标准性规定设置，是《大气污染防治法》的基础性工作，也应当在《大气污染防治法》中单独成章予以规定。早在 20 世纪 80 年代，我国就已经开始着手从事大气环境质量标准的制定工作，1982 年国务院发布了《大气环境质量标准》，此后数年还发布了一系列与大气环境质量有关的环境质量标准或环境行为标准，这些附属标准与大气环境质量标准一起构建成我国大气环境质量标准体系。随后，我国政府一直以修订的方式对我国大气环境质量标准体系进行修正与革新。按照现有的环境标准设置法律程序，我国大气环境质量标准应当包含国家级与地方级两大等级的大气环境质量标准，其中国家级大气环境质量标准由国务院下属的中央环境保护行政部门进行设置，地方级大气环境质量标准由省级地方政府与其下属环境行政保护部门共同制定。从两级大气环境质量标准的设置内容与效力上看，国家级大气环境质量标准是基础性的标准，而地方级大气环境质量标准是国家级大气环境质量标准的补充。但在具体的实践中，我国大气环境质量标准仍然全部采用国家级的大气环境质量标准，全国还没有一个省级地方政府依照法律规定的程序设置地方级的大气环境质量标准，《大气污染防治法》赋予的地方级大气环境质量标准的制定权长期处于单纯纸面上规定的尴尬境地。

我国的客观国情是人口压力大且人口分布并不均衡，地域广阔但各地社会与经济发展水平极度不平衡，资源丰富但人均贫瘠，民族文化繁多且内容各异，最为重要的是我国各地的大气环境质量状况与大气环境问题的特征也相差迥异，因此单凭国务院生态环境部门制定的国家级大气环境质量标准，对我国大气环保行为在标准上"一刀切"是不合理的。大气环境保护行为包括评价与控制多种不同的大气污染物，也包括解决不同的大气环境生态退化与破坏问题。我国当前大气环境情况非常复杂，仅以大气污染防治为例，一些区域大气环境污染以煤烟型大气环境污染为主，一些区域大气环境污染则以石油型大气环境污染为主，而在沿海地区与北部城市大气环境污染则以雾霾（PM2.5）与臭氧污染为主。如果在这些不同的区域执行相同的大气环境质量标准，而不是针对不同区域的大气环境污染设立具有地方特色的大气环境质量标准，则无法有效地应对各自的大气污染问题，也就无法真正达到良好的大气环境质量。按照《大气污染防治法》的规定，地方政府应当对本辖区的大气环境质量负责，如果自身辖区内的大气环境质量严重超标，那么地方政府就应当设置并采用更为严格的大气环境质量标准。这里更为严格的大气环境质量标准不仅包括要求更高的大气环境质量，还包括更为苛刻的个体大气环境行为准则。这不仅体现了《大气污染防治法》贯彻以环境质量目标，为规制目标对政府大气环境责任与大气环境权力相平衡的要求，也体现了以环境质量目标为规制目标自身的科学性：国家与地方两级大气环境质量标准分别具有不同的角色与作用，国家级大气环境质量标准针对全国范围内大气环境中普遍存在的问题，或者是引导全国大气环境保护行动的方向，它的内容一般是更为原则与宏观的标准，反映了《大气污染防治法》对大气环境保护最底层也是最基本的目标要求；地方级大气环境质量标准是在国家级大气环境质量标准的基础之上，针对地方政府自身辖区内大气环境的客观现状与特殊的大气环境问题，为了解决国家级大气环境质量标准无法科学、完美地契合当地大气环保的需求这一问题，从而设立更为全面、高要求的大气环境质量标准。地方级大气环境质量标准主要包括更为优良的大气环境质量标准，更为广泛的大气生态标准，更为苛刻的个体大气行为标准，更为丰富的污染物防治标准。总而言之，地方级大气环境标准只能是对国家级大气环境质量标准的深入与发展，而不能是国家级大气环境质量标准的倒退与纵容。

设立科学、有效的大气环境标准是《大气污染防治法》贯彻以环境质量目标为规制目标的基础性工作，通过监测与评价大气环境质量的状况，不仅可以发现大气环境中存在的问题，还可以指导并检验大气环境保护行为，从而更好地为未来的大气环境保护行为服务。当前评价大气环境质量的方式包括主观手段与客观手段，现代科学一般采用客观手段对大气环境质量进行评价，评价的具体流程与任务包括设置监测区域、实施监测行为、对监测数据进行处理和分析、通过分析得出评测结果。最终评测结果的得出就需要用实现设置好的大气环境质量标准对监测数据进行衡量，也就是将监测后的数据与大气环境质量标准进行对比从而得出是否达标的评测结论。当然，仅仅采用大气环境质量标准进行评价并不一定能完整地反应大气环境质量，因为相较于我国大气环境中现存的各种纷繁复杂的污染物，现有的大气环境质量评价标准项目是有限的，这种有限既因为科学技术的局限而导致部分指标无法测量或分析，也因为部分大气环境因子根本无法通过量化指标进行评价，无论大气环境质量标准如何发展，也无法准确、完整地评价这部分大气环境质量。除此之外，我国现有的大气环境质量评价体系各个标准之间的层级比较简单，也就意味着它对大气环境质量变化的反应较为迟缓，对于细微、局部的大气环境质量变化无法准确地进行反馈，但许多细微、局部的大气环境质量变化都可能是后期巨大的大气环境质量变化的先兆，不能准确地发现这些小变化，就无法以及时、有效地应对手段来预防与解决随后而来的大变化。为了更好地解决与应对大气环境质量标准的这一弊端，就需要在现有的条件下通过长期、有规律的大气环境质量综合监测与分析来发现大气环境事件变化的规律，通过预测的方式来判断大气环境质量未来的变化趋势，从而更好地实现大气环境问题的预防与应对。

除了对大气环境质量的客观评价以外，还可以通过人的主观感受来对大气环境质量的变化进行主观评价。就好像人可以像感受天气与温度一样，个体可以通过嗅觉、听觉、味觉与视觉来感知大气环境的质量状况。但人对于大气环境质量的主观感知还是会受到主观因素的影响，给予大气环境的质量评价可能与实际客观的大气环境有所差别。采用科学技术的手段对大气环境质量进行监测与评价可以有效地弥补个人感知能力与实际大气环境水平的差距，更具有客观属性。

但科学技术手段又不能完全取代人的主观感受手段，例如对于大气环境中的恶臭指标，就需要嗅辨员的嗅觉进行监测与评价，尚没有一种仪器对大气恶臭指标的监测可以与个人的主观嗅觉相吻合，也就是说应当将科学技术手段与个人主观感知结合起来，对大气环境质量标准进行综合监测与评价。当前我国现有的大气环境质量监测与评价的一大问题是，客观的科学技术手段得出的监测与评价结果与主观的个人感受手段得出的监测与评价结果并不一致，例如雾霾天政府发布的大气环境质量指标并没有显著恶化，但公众的反馈却是个体舒适度极差。这种不一致的主要原因在于以下几点：第一个是现有的科学技术手段评价指标过少，不足以完整地反应大气环境质量；第二个是监测的时间跨度不足，单位时间内的监测指标不足以有代表性的说明大气环境质量的变化；第三个是现有的大气环境质量评价标准的限制过低，导致未达限值的大气环境污染无法在大气环境质量监测与评价中正确地反映出来。解决这种不一致的路径就是要彻底地提升大气环境质量监测与评价的全面性、科学性与代表性。提升全面性指的是扩充评价体系的指标内容，将更多的影响大气环境质量的污染物纳入其中；提升科学性指的是应当设置科学的大气环境质量的指标限值，尤其是与客观情况相符合的大气污染物浓度限值；提升代表性指的是应当延长大气环境质量监测的时间和增加监测点的密度，有效地截取监测与评价周期，从而使监测与评价的结果能全面地反映大气环境质量现状，为《大气污染防治法》贯彻以环境质量目标为规制目标提供科学的基础。

当然，大气环境质量现状是一种客观的物质存在，如果没有人为对其的调整与控制，无论多么精准的监测手段，多么科学的评价体系，多么正确的评价结果，都不可能对大气环境质量的客观存在产生一丝一毫的影响。只有在科学的大气环境质量监测与评价之上实施有效的大气环境保护措施，才有可能保持大气环境质量的稳定，最终改善大气环境质量至优良的程度。以大气环境质量目标改造《大气污染防治法》，也就是将大气环境质量标准与大气环境质量目标进行紧密的联系，在一个单位时间内，大气环境质量标准反映了大气环境质量目标，甚至在一定程度上"标准就是目标，目标就是标准"。但是，二者之间又不能简单地进行等量代换，因为大气环境质量标准可以有多种解释与设置的方式，既可以采用达到大气环境质量标准的方式来表达目标，也可以通过规定特定的大气污染物下降的程度来表达，还可以通过对标准之外的大气环境因子进行控制目标的设置。总而言之，大气环境质量标准是以环境质量目标为规制目标下的《大气污染防治法》的基础条件。在新的《大气污染防治法》中，大气环境质量标准体系不仅仅是政府执法的标准性工具，更是《大气污染防治法》设置大气环境质量目标，要求政府承担大气环境责任的科学依据。

总 结

　　《大气污染防治法》具有"防治大气污染，改善大气环境"这一明确的法律目标。但法律实施多年，大气环境质量不仅没有得到有效改善，反而有不断恶化的趋势，说明该法律没有实现预期的法律目标，未能发挥应有的效能。以往的研究，大多集中在如何促使法律规制目标实现的手段健全、制度完善方面，很少有人质疑完成个体行为调控（实现规制目标）是否就能推导出必然提升大气环境质量（实现法律目标）的结果。本研究正是对法律规制目标是否正确这一核心问题提出质疑，疑问的实质是《大气污染防治法》的规制目标是否契合其法律目标。如果答案是肯定的，说明《大气污染防治法》规制目标与法律目标契合，则通过法律的完善实施，我国的大气环境就会逐渐得到改善，最终整体实现法律目标；如果答案是否定的，则意味着规制目标与法律目标不契合，就应当按照法律目标的要求重新调整《大气污染防治法》的规制目标。通过重新审视和剖析《大气污染防治法》，我认为这部针对性的专门法难以治理大气污染顽疾的真实原因是规制目标错误。

《大气污染防治法》以提高大气环境质量为法律目标，却以不法惩罚为规制目标，由于存在"个体数量"这一变量，无论《大气污染防治法》本身如何调整针对个体的规制标准，都无法确保二者相契合。因此，以不法惩罚为规制目标的《大气污染防治法》，难以实现减少大气环境中的污染物、提升大气环境质量的法律目标。法律的规制目标不契合于法律目标，则法律实施效果必然偏离立法之预期，因此重新定位《大气污染防治法》的规制目标，应当是解决问题之关键。根据大气环境质量、全民排污总量、个体数量以及个体排污之间的科学联系，《大气污染防治法》应当以个体排污行为的总集合为规制对象，规制目标应当是确保总行为结果在大气环境承载力范围之内。用环境质量标准予以评价与表达，可称其为环境质量目标。实质是以赋予政府环境质量目标的形式，要求政府依照自然限度安排自身区域内的排污总行为。将环境质量目标作为《大气污染防治法》的规制目标，意味着政府需要对区域内的大气环境质量负责，无论政府如何具体地调控辖区内的个体排污行为，结果都是客观、真实、优良的大气环境质量。环境质量目标与"惩罚不法"两种规制目标具有唯结果论与唯行为论的差别。以环境质量目标为《大气污染防治法》的规制目标，不仅契合于《大气污染防治法》的法律目标，更能在确保政府承担大气环境责任的同时，扩大政府大气环境行政的权力与空间，从而更好地实现对个体排污行为的调控。

参考文献

一、连续出版物

[1] 孙峰等："基于环境监测数据的 APEC 会议空气质量保障环境改善效果评估"，载《中国环境监测》2016 年第 3 期。

[2] 黄明健、秘明杰："环境法学的概念和特征"，载《当代法学》2004 年第 6 期。

[3] 王海云："城市大气污染的特征及其防治研究"，载《中国新技术新产品》2016 年第 3 期。

[4] 李令军等："2013-2014 年北京大气重污染特征研究"，载《中国环境科学》2016 年第 1 期。

[5] 龙艳侠等："陕西省近年来大气污染现状及其成因"，载《西安工程大学学报》2016 年第 1 期。

[6] 李嘉绮等："上海浦东地区冬季大气 PM2.5 和 PM10 污染特征分析"，载《上海第二工业大学学报》2015 年第 4 期。

[7] 周珂、于鲁平："解析新《大气污染防治法》"，载《环境保护》

2015 年第 18 期。

[8] 翟勇：“谈谈大气污染防治法的修改”，载《人大工作通讯》1995年第 20 期。

[9] 蔡炳华、蒋宏奇：“新修订《大气污染防治法》的特点”，载《环境》2000 年第 10 期。

[10] 白兰：“简评《中华人民共和国大气污染防治法》”，载《法学评论》1989 年第 2 期。

[11] 文伯屏：“大气污染防治法的立法背景及主要内容”，载《法学研究》1988 年第 4 期。

[12] 徐鸿涛：“我国第一部防治大气污染的法律——《中华人民共和国大气污染防治法》简介”，载《环境保护》1987 年第 8 期。

[13] 徐祥民：“规则之治及治理之规则——关于社会主义法治国家建设的若干思考”，载《人民论坛·学术前沿》2016 年第 11 期。

[14] 李显锋：“《大气污染防治法》修改的背景、问题及建议”，载《理论月刊》2015 年第 4 期。

[15] 楚道文、安如喜：“论我国移动源大气污染防治制度的完善——以《大气污染防治法》规范分析为视角”，载《法学杂志》2013年第 8 期。

[16] 柴发合等：“强化责任 多措并举 建立健全大气污染综合防治新体系——新《大气污染防治法》解读”，载《环境保护》2015年第 18 期。

[17] 余耀军、高利红：“法律社会学视野下的环境法分析”，载《中南财经政法大学学报》2003 年第 4 期。

[18] 晋海、周龙：“论我国环境法的实施困境及其出路——以阿马蒂亚·森的发展理论为视角”，载《河海大学学报（哲学社会科

版）》2014 年第 1 期。

[19] 邹兰等："《大气污染防治法》修订中有关标准规则的探讨"，载《中国人口·资源与环境》2015 年第 S2 期。

[20] 蔡守秋："论政府环境责任的缺陷与健全"，载《河北法学》2008 年第 3 期。

[21] 曹明德、程玉："大气污染防治法修订之我见：兼评《大气污染防治法（修订草案）》"，载《江淮论坛》2015 年第 3 期。

[22] 黄锡生、黄猛："我国环境行政权与公民环境权的合理定位"，载《现代法学》2003 年第 5 期。

[23] 赵俊："我国环境信息公开制度与《巴黎协定》的适配问题研究"，载《政治与法律》2016 年第 8 期。

[24] K·Wasermel、陈文龙："德意志联邦共和国的研究政策和技术政策"，载《世界科学译刊》1979 年第 4 期。

[25] 陈登明："坚持治理'三废'实现三个效益统一"，载《化工环保》1989 年第 3 期。

[26] 严传清："环境保护部门执法问题的思考"，载《重庆环境科学》1989 年第 4 期。

[27] 蔡存福："试谈我国环境影响评价若干问题"，载《环境科学丛刊》1985 年第 7 期。

[28] 彭近新："两个根本性转变形势下的环境立法与执法"，载《中国环境管理》1997 年第 4 期。

[29] 刘卫先："也论生态整体主义环境法律观"，载《政法论丛》2013 年第 2 期。

[30] 徐祥民："环境质量目标主义：关于环境法直接规制目标的思考"，载《中国法学》2015 年第 6 期。

[31] 孙佑海："如何完善落实排污许可制度？"，载《环境保护》2014年第14期。

[32] 高桂林、陈云俊："评析新《大气污染防治法》中的联防联控度"，载《环境保护》2015年第18期。

[33] 常纪文："大气污染区域联防联控应实行共同但有区别责任原则"，载《环境保护》2014年第15期。

[34] 陈健鹏等："跨越峰值阶段的空气污染治理——兼论环境监管体制改革背景下的总量控制制度"，载《环境保护》2015年第21期。

[35] 宋国君、何伟："论污染总量控制与排放交易在空气质量达标中的作用"，载《环境保护》2014年第14期。

[36] 钱水苗、周婵嫣："试论排污权交易的谨慎实施"，载《法学评论》2008年第6期。

[37] 孙佑海："健全完善生态环境损害责任追究制度的实现路径"，载《环境保护》2014年第7期。

[38] 张小曳等："我国雾－霾成因及其治理的思考"，载《科学通报》2013年第13期。

[39] 王圣等："我国'十一五'大气环境总量控制制度分析及优化建议"，载《中国人口·资源与环境》2010年第S2期。

[40] 巩固："政府环境责任理论基础探析"，载《中国地质大学学报（社会科学版）》2008年第2期。

[41] 李俊斌、刘恒科："地方政府环境责任论纲"，载《社会科学研究》2011年第2期。

[42] 吕忠梅："监管环境监管者：立法缺失及制度构建"，载《法商研究》2009年第5期。

［43］钱水苗："政府环境责任与《环境保护法》的修改"，载《中国地质大学学报（社会科学版）》2008 年第 2 期。

［44］邓可祝："政府环境责任的法律确立与实现——〈环境保护法〉修订案中政府环境责任规范研究"，载《南京工业大学学报（社会科学版）》2014 年第 9 期。

［45］竺效："论生态文明建设与《环境保护法》之立法目的完善"，载《法学论坛》2013 年第 2 期。

［46］高利红、周勇飞："环境法的精神之维——兼评我国新《环境保护法》之立法目的"，载《郑州大学学报（哲学社会科学版）》2015 年第 1 期。

［47］方印："环境法认识论上的四个'风向标'"，载《河北法学》2012 年第 2 期。

［48］竺效："论经济法之法律目的"，载《西南政法大学学报》2002 年第 3 期。

［49］张恒山："'法的价值'概念辨析"，载《中外法学》1999 年第 5 期。

［50］吴贤静："生态文明建设与环境法的价值追求"，载《吉首大学学报（社会科学版）》2014 年第 1 期。

［51］张成福："责任政府论"，载《中国人民大学学报》2000 年第 2 期。

［52］王光焱："关于我国环境质量标准及其应用的有关问题探讨"，载《江苏环境科技》2008 年第 3 期。

［53］刘家和、贺允清："如何认识原始社会的公有制"，载《北京师范大学学报》1981 年第 6 期。

［54］徐祥民："自然资源国家所有权之国家所有制说"，载《法学研

究》2013 年第 4 期。

[55] 罗必良、王玉蓉："外部性问题、校正方式与科斯定理"，载《经济科学》1994 年第 6 期。

[56] 赵雪雁、李巍、王学良："生态补偿研究中的几个关键问题"，载《中国人口·资源与环境》2012 年第 2 期。

[57] 凌斌："界权成本问题：科斯定理及其推论的澄清与反思"，载《中外法学》2010 年第 1 期。

[58] 张聚昌："'科斯定理'不成立"，载《理论探讨》2005 年第 5 期。

[59] 范炜烽、王青平："公共产权的基本命题：自主合作的理性困境"，载《学术论坛》2014 年第 10 期。

[60] 李伯聪、李军："关于囚徒困境的几个问题"，载《自然辩证法通讯》1996 年第 4 期。

[61] 桂林、邓宁："社会科学中的囚徒困境现象及其解"，载《当代经济研究》2009 年第 5 期。

[62] 姜殿玉："一种带惩罚机制的一次性 n 人囚徒困境抱团性的扩展模型"，载《运筹与管理》2012 年第 5 期。

[63] 王小锡："经济道德观视阈中的'囚徒困境'博弈论批判"，载《江苏社会科学》2009 年第 1 期。

[64] 黄文艺："信息不充分条件下的立法策略——从信息约束角度对全国人大常委会立法政策的解读"，载《中国法学》2009 年第 3 期。

[65] 汪斌："环境法的效率价值"，载《当代法学》2002 年第 3 期。

[66] 曲格平："中国环境保护战略方针问题"，载《环境保护》1983 年第 10 期。

［67］马世骏等："社会——经济——自然复合生态系统"，载《生态学报》1984 年第 1 期。

［68］徐祥民："环境损害：环境法学的逻辑起点"，载《现代法学》2010 年第 4 期。

［69］徐祥民、巩固："关于环境法体系问题的几点思考"，载《法学论坛》2009 年第 2 期。

［70］叶卫平："资源、环境问题与可持续发展对策"，载《地理研究》1997 年第 3 期。

二、专著

［1］［德］罗伯特·阿列克西：《法律论证理论——作为法律证立理论的理性论辩理论》，舒国滢译，中国法制出版社 2002 年版。

［2］［德］卡尔·拉伦茨：《法学方法论》，陈爱娥译，商务印书馆 2003 年版。

［3］［法］埃德加·莫兰：《方法：天然之天性》，吴泓缈、冯学俊译，北京大学出版社 2002 年版。

［4］中国社会科学院环境与发展研究中心编：《中国环境与发展评论》（第 2 卷），社会科学文献出版社 2004 年版。

［5］郑永流主编：《法哲学与法社会学论丛》（2015 年卷），法律出版社 2015 年版。

［6］《马克思恩格斯全集》（第 1 卷），中共中央马克思恩格斯列宁斯大林著作编译局编译，人民出版社 2008 年版。

［7］吕忠梅等编著：《环境资源法学》，科学出版社 2004 年版。

［8］［日］原田尚彦：《环境法》，于敏译，法律出版社 1999 年版。

［9］［美］泰勒·考恩、亚历克斯·塔巴洛克：《微观经济学：现代原

理》，王弟海译，格致出版社、上海三联书店、上海人民出版社
2013年版。

[10] [英] R·科斯等：《财产权利与制度变迁——产权学派与新制度
学派译文集》，刘守英等译，上海人民出版社1994年版。

[11] [英] 亚当·斯密：《国民财富的性质和原因的研究》，郭大力、
王亚楠译，商务印书馆2014年版。

[12] 郑也夫：《走出囚徒困境》，光明日报出版社1995年版。

[13] 彭真：《论新时期的社会主义民主与法制建设》，中央文献出版
社1989年版。

[14] 徐祥民主编：《环境与资源保护法学》，科学出版社2013年版。

[15] 徐祥民、王光和：《生态文明视野下的环境法理论与实践》，山
东大学出版社2007年版。

[16] 徐祥民等：《中国环境资源法的产生发展》，科学出版社2007
年版。

[17] 张梓太：《环境法律责任研究》，商务印书馆2004年版。

[18] 赵国青主编：《外国环境法选编》，中国政法大学出版社2000
年版。

[19] 周珂：《生态环境法论》，法律出版社2001年版。

[20] 周训芳、李爱年：《环境法学》，湖南人民出版社2008年版。

[21] 周训芳：《环境权论》，法律出版社2003年版。

[22] 朱谦：《公众环境保护的权利构造》，知识产权出版社2008年版。

[23] 竺效：《生态损害的社会化填补法理研究》，中国政法大学出版
社2007年版。

[24] 孟伟：《流域水污染物总量控制技术与示范》，中国环境科学出
版社2008年版。

［25］ 吕忠梅：《环境法新视野》（修订版），中国政法大学出版社 2007 年版。

［26］ 曲格平：《我们需要一场变革》，吉林人民出版社 1997 年版。

三、外文文献

［1］ Strabo，*Geography I*，with an English translation by Horace Leonard Jones，Cambridge，Massachusetts，London，Harvard University Press，2005.

［2］ WHO，*Air quality guide lines for Europe*，2nd Ed，WHO regional publications，2000.

［3］ Garrett Hardin，"The Tragedy of the Commons"，*Science*，1968.

［4］ Robert J，Martineau，Jr.，*The Clean Air Act Handbook*，2004.

［5］ Anne E. Smith and Martin T. Ross，*Allowance Allocation：Who Win and Loses under a Carbon Dioxide Control Program?* Center for Air Policy，Feb 2002.

［6］ Daniel Riesel，*Environmental Enforcement：Civil and Criminal*，Law Journal Seminar Press，1997.

［7］ EPA National Air Quality and Emission Trends Report，1993.

［8］ T. Hargave，*U. S. Carbon Emissions Trading：Description of an Upstream Approach*，Center for Clean Air Policy，1998.

［9］ Annual Report on Environment and Compliance Assurance Accomplishments in 1999，June 2000.

［10］ Percival，Schroeder，Miller，Leaper，*Environmental Regulation：Law，Science and Policy*，Fifth Edition，Aspen Publishers，2006.